JN270758

# ビジネスで使ってはいけない英語100

デイビッド・セイン 著

NTT出版

# はじめに

　今日、語学書や教材が数多く出版されていますが、ネイティブから見ると、いまだに間違った英語を載せている本が少なくありません。

　そのせいでしょうか、私が接している生徒やお会いしている日本人の英語を聞いていると、実はネイティブには不自然に聞こえたり、言いたいことがまったく通じていなかったりすることが数多くあるのです。それがビジネスに関わることであれば、笑いごとでは済まされません。

　例えばdemandという単語があります。英語教育で「要求する」と習っていたものが、使い方を誤ってしまうと脅迫行為になることがあるのです。

　本書では多くの日本人がビジネスの現場で正しいと信じていて使っているものの、ネイティブには不自然に聞こえる表現や間違って使われてしまいがちな表現等を100に絞り込み比較形式にしました。しかも、取り上げた英単語は中学や高校で習ったものがほとんどで、難しいものは極力排除しています。

　また、巻末には本書で取り上げた例文をピックアップし、ビジネスでそのまま使える表現集の一覧も設けました。

　本書を学習される中で、表現にとまどい、驚くこともあるかと思います。ご自身の英語を今一度点検し、再認識することで自信を持つことができます。

　ぜひお手元におき、ビジネスの場で併せてご活用いただければ幸甚です。

平成21年2月
David Thayne

# contents もくじ

はじめに ............................................................. III
本書の使い方 ..................................................... IX

## 勘違い編

クイズ ................................................................. 3
クイズの解答・解説 ............................................ 4

**【語法・用法】**
will と would の違い ......................................... 6
否定文で使われる and と or の違い ................. 8
I thought ... の誤用 ......................................... 10
go to 動詞 ... と go and 動詞 ... の違い ........ 11
all の使い方 ..................................................... 12
Oh, と Well, の違い ........................................ 13

**【単語】**
consider の誤用と正しい使い方 ..................... 14
overwork の誤用 ............................................. 15
stop to 不定詞と stop 動名詞の違い ............. 16
succeed の誤用 ............................................... 17
try の盲点 ........................................................ 18
try to 不定詞と try 動名詞の違い ................... 20
defect と defective の違い ............................. 21

| 項目 | ページ |
|---|---|
| **common** と **mutual** の違い | 22 |
| **common** と **popular** の違い | 23 |
| **half** の誤用 | 24 |
| **soft** の誤用 | 25 |
| **apparently** の誤用 | 26 |
| **exactly** と **just** の違い | 27 |
| **just** の盲点 | 28 |
| **late** と **lately** の違い | 29 |
| **budget** の誤用と正しい使い方 | 30 |
| **cold** と **disease** の違い | 32 |
| **education** の誤用 | 33 |
| **job** と **work** の違い | 34 |
| **leave office** と **leave the office** の違い | 36 |

【イディオム】

| | |
|---|---|
| **be disadvantaged** の誤用 | 38 |
| **be designed to** の注意点 | 39 |
| **be in trouble** と **have a problem** の違い | 40 |
| **go there** の誤用 | 42 |
| **in case of** の誤用 | 44 |
| **lead** 人 **around** と **show** 人 **around** の違い | 45 |

コラム① ············ 46

# 失礼編

| | |
|---|---|
| クイズ | 49 |
| クイズの解答・解説 | 50 |

【語法・用法】

| | |
|---|---|
| **can** と **be able to** の違い | 52 |
| **can't** の誤用と正しい使い方 | 53 |

| | |
|---|---|
| **can** と **will** の違い | 54 |
| **will not** と **won't be able to** の違い | 55 |
| **won't** の誤用と正しい使い方 | 56 |
| **Can you ...?** と **Would you ...?** の違い | 58 |
| **Could you ...?** と **Would you please ...?** の違い | 59 |
| **please** の誤用① | 60 |
| **please** の誤用② | 62 |
| **You should ...** の誤用 | 63 |
| **Perhaps you should ...** と **Why don't you ...?** の違い | 64 |
| **Why did you do that?** の誤用 | 65 |

【単語】

| | |
|---|---|
| **believe** の誤用と正しい使い方 | 66 |
| **unbearble** の誤用 | 68 |
| **care** の誤用 | 70 |
| **expect** の誤用① | 72 |
| **expect** の誤用② | 74 |
| **order** の使い方 | 75 |
| **question** の誤用 | 76 |
| **sensitive** の誤用 | 77 |
| **maybe** の誤用 | 78 |
| **hearing** の誤用 | 79 |
| **opinion** の誤用 | 80 |
| **actual case** の前にある冠詞「**an**」と「**the**」の違い | 81 |

【イディオム】

| | |
|---|---|
| **be going to** と **be going to have to** の違い | 82 |
| **be sure about** の誤用 | 83 |
| **be willing to** の誤用 | 84 |
| **make an effort to** の誤用 | 86 |
| コラム② | 87 |

# 怒り編

クイズ ······································································· 91
クイズの解答・解説 ··················································· 92

【語法・用法】
**I want you to ...** の誤用 ········································· 94
**Let me 動詞 you ...** のフレーズの盲点 ················· 96
**problem** を使ったフレーズの誤用 ························· 98

【単語】
**demand** の盲点 ····················································· 100
**take** の誤用 ··························································· 102
**satisfactory** の盲点 ·············································· 104
**satisfied** の誤用 ··················································· 106

【イディオム】
**be required to** の誤用 ·········································· 108
**cope with** の誤用 ·················································· 110
**had better (not)** の誤用 ········································ 112
**in any case** の誤用 ··············································· 114

コラム③ ······································································ 116


# その他

クイズ ······································································· 119
クイズの解答・解説 ··················································· 120

【語法・用法】
**be** 動詞の用法 ························································ 122
**could** と **was able to** の違い ······························ 123

現在完了形と過去形の違い ················· 124
**I want to ...** と **I'd like to...** の違い ········· 126
**don't think about** と **be not thinking about** の違い ······· 127
**others** と **rest** の違い ················· 128
**half of** に続く冠詞 **the** の有無の違い ········· 129

【単語】

**eat** の誤用 ························ 130
**export** の使い方 ···················· 131
**grasp** と **understand** の違い ············ 132
**introduce** と **refer** の違い ············· 134
**learn** と **learn about** の各盲点 ·········· 136
**recommend to** 不定詞と **recommend** 動名詞の違い ······· 137
**try to** 動詞と **try** 目的語の違い ··········· 138
**interesting** の誤用 ·················· 140
**evaluate** に伴う形容詞や副詞の使い方 ········· 142
**appointment** と **schedule** の違い ········· 143
**experience** の単数形と複数形の違い ········· 144
**remains** の誤用 ···················· 146
**staff** の誤用 ······················ 148

【イディオム】

**go drinking** の誤用 ·················· 150
**make sure** の使い方 ·················· 151
**participate in** と **go to** の違い ··········· 152
**pick out** と **pick up** の違い ············· 153
**not... at all** の誤用 ················· 154

コラム④ ··························· 155

実践でそのまま使える表現集 ················ 156
INDEX ····························· 161

# 本書の使い方

## クイズ

各編の最初は、間違えたら大変なことになるものをクイズ形式にしました。解答・解説は次のページにあるので、確認してください。

---

**問題**

会議中、外国人の英語が分からず、「英語が聞き取りにくい」と伝えたい場合、正しいものは下記のどれでしょうか？

❶ My listening isn't very good.

❷ I have trouble with spoken English.

❸ My hearing isn't very good.

正解は次ページ

日本人には同じように思えてもネイティブには大違い分かるかな？

勘違い編 クイズ

## 例文比較

ビジネスの現場で正しいと信じて使っているものの、①ネイティブには不自然に聞こえる表現、②間違って使われてしまいがちな表現、③間違いではないものの、失礼に当たる表現、④知らず知らずのうちに、相手を怒らせている表現等を取り上げました。

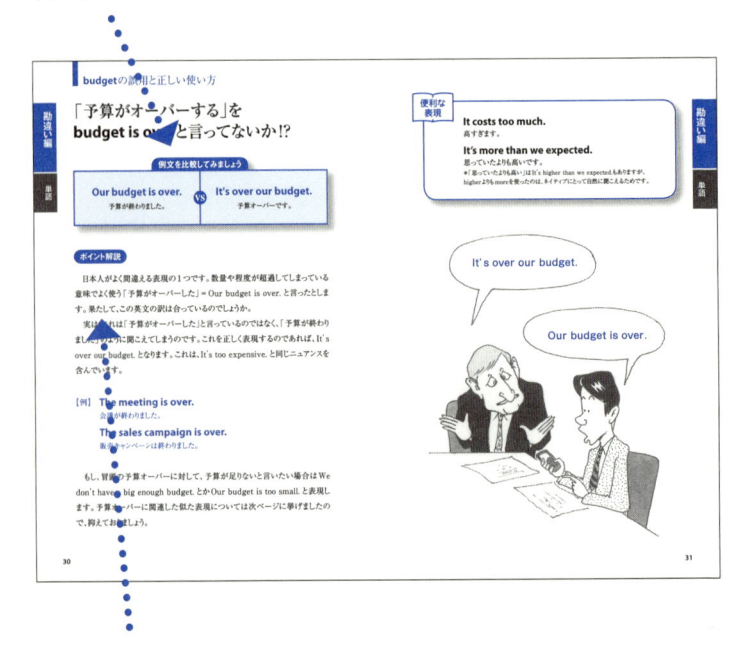

## ポイント解説

左側の例文の言い方はなぜよくないのかについて触れたうえで、どうすれば相手に不快感等を与えることなく正しく伝えられるのかについて、例文を盛り込みながら分かりやすく解説しました。

## 丸ごと使える表現集 (156〜160ページ)

本書で出てきた例文の中から、これだけはビジネスで抑えておきたい表現を厳選し、ビジネスの現場でそのまま使える和訳と英文の一覧（＊A、B、○の箇所は、その部分のみ他の単語に言い換えてください）にしました。チェック項目を設けましたのでご活用ください。

## INDEX (161〜171ページ)

本書で出てきた見出しの例文やその項目に関連する表現等の和訳一覧です。万一に備え、あわてなくても済むように、INDEXに目を通し、例文等の該当箇所を探しやすいようにしました。

x

# 勘違い編

「正しい英語を話したはずなのに、相手にきちんと伝わっていない」とか、「ネイティブとの会話においてすれ違いが多い」など、英語と日本語の間に立ちはだかる壁の高さを痛感した経験はありませんか。

例えば、「"割り勘"は半分という意味だからhalfを使えば間違いない」「謝罪のきっかけで使ったwellが皮肉になってしまった」というように、日本人が勘違いしがちな表現と、正しいネイティブのとらえ方を比較しながら紹介します。

笑って済ませられるくらいであればいいのですが、勘違いのままでいると、ビジネスでは大変なことになってしまいますよ。

勘違い編

クイズ

## 問題

会議中、外国人の英語が分からず、
「英語が聞き取りにくい」と伝えたい場合、
正しいものは下記のどれでしょうか?

❶ My listening isn't very good.

❷ I have trouble with spoken English.

❸ My hearing isn't very good.

正解は次ページ →

日本人には同じように思えても
ネイティブには大違い
分かるかな?

# 正解は❷

**ポイント解説**

順に訳をみてみましょう。

### ❶ My listening isn't very good.
私は注意力がない。

### ❷ I have trouble with spoken English.
話される英語が聞き取りにくいのですが…。

### ❸ My hearing isn't very good.
私は耳が遠い。


**聞き取れない時にhearingやlisteningの使用は禁物!!**

　外国人を交えての会議の際に、なかなか彼らの英語を理解することができません。そんな時、あなたはどのように言いますか?

　もし、③のMy hearing isn't very good. と言ったとします。ほとんどの出席者はあなたのために大声で話し始めるでしょう。でも、彼らは決して分かりやすく、かつ、ゆっくりとは話してはくれないはずです。なぜなら、あなたが「私は耳が遠い」と伝えたことなるからです。

　同様に①のMy listening isn't very good. は「私は注意力がない」と言っていることになります。

　したがって、①③は誤りだということがお分かりになりますね。

　「英語が聞き取りにくのですが…」と伝えたいのであれば、②のI have trouble with spoken English. のように言いましょう。

　訳は「話し言葉の英語を理解するのに苦労しています」、つまり、「話される英語が聞き取りにくい」となるわけです。

他によく使われる表現も抑えておきましょう。

【例】 **I beg your pardon.**
何とおっしゃいましたか?

**Spoken English is hard for me to understand.**
話される英語は私には難しいです。

## willとwouldの違い

# 「…だろう」に隠されている真の意味とは…

**例文を比較してみましょう**

**It'll be difficult.**
難しいだろう（でもやる）。

VS

**It would be difficult.**
難しいだろう（だからやらない）。

### ポイント解説

日本人が「難しいだろう」と言ったら、隠されている本当の意味は「できない」ということが多いかもしれません。これは日本語特有の曖昧さを表現している一例にあげられます。

しかし、英語ではyesかnoかをはっきりさせることが好まれます。もし「それは難しいだろう（でもやる）」と言いたければ、It'll be difficult. を使いましょう。willには仮定の意味もなく、難しいことになるであろうという意味のみが含まれています。

一方、It would be difficult. は日本語の意味に近く、「それをやるとしたら難しいだろう（だからやらない）」というニュアンスが含まれています。下記にはwillとwouldでどのように意味が異なるか、例文を比較形式で挙げておきまし

| **It'll take a long time.**<br>長い時間がかかる（でもやる）。 | **It would take a long time.**<br>やるとすると長い時間がかかる<br>（だからやらない）。 |
|---|---|
| **She'll say no.**<br>彼女の答えはnoだよ<br>（彼女に尋ねるが答えはno）。 | **She would say no.**<br>彼女の答えはnoだよ（彼女には尋ねない。<br>答えは尋ねるまでもなくnoだから）。 |

たので、違いをしっかりと抑えてください（なお、冒頭の例文をはじめ、willは'llというように省略した表現になっていますが、willのままにすると意思が強くなることにも気をつけましょう。wouldは省略しても省略しなくても意味は変わりません）。

It'll be difficult.

## 否定文で使われるandとorの違い

# not...andは全否定か部分否定か?

### 例文を比較してみましょう

**I didn't break the computer and the fax machine.**
コンピュータ、FAXの両方は壊さなかった。

VS

**I didn't break the computer or the fax machine.**
コンピュータ、FAXのいずれも壊さなかった。

### ポイント解説

I didn't break the computer and the fax machine. のようにnot ... andと使ってしまうと、「コンピュータ、FAX両方ではなく、どちらかを壊した」という部分否定になるのです。反対に、「いずれも…をしていない」と全否定するのであれば、orを使いましょう。

上記とは反対に、下記の肯定文の場合のandやorにはあまり大きな違いはなく、同じような意味になります。ただし、orを使った場合、月曜日か火曜日のいずれか1日のことを指すのに対し、andの場合、どちらの日でもいいし、いずれか1日でもいいというニュアンスの違いがあることに留意しましょう。

| | |
|---|---|
| **I can't go on Monday and Tuesday.**<br>月曜日か火曜日のどちらかにしか行けません。 | **I can't go on Monday or Tuesday.**<br>月曜日も火曜日も行けません。 |
| **I'm available on Monday and Tuesday.**<br>月曜日でも火曜日でもどちらでも大丈夫です。 | **I'm available on Monday or Tuesday.**<br>月曜日も火曜日も大丈夫です。 |

勘違い編

語法・用法

I didn't break the computer and the fax machine.

## I thought... の誤用

# 要求を強調させるなら反語の意味があるI thought...は禁物 !!

### 例文を比較してみましょう

**I thought I wanted to finish today.**
今日、終わりたいと思っていた（でも、本当は終わりたくなかった）。

VS

**I wanted to finish today.**
今日、終わりたかった。

### ポイント解説

I think...は「…と思う」で習ったと思います。そのため、例えば、I think she is tired. は「彼女が疲れていると思う」であり、「彼女が疲れていると思った」は、I thought she was tired. と表現するでしょう。

確かに、辞書では、最初の I think...は断定を避けた控えめな感じ、さらに控えめなのが I thought...と書かれている点については一理あります。

ところが、ネイティブにとって I thought... は勘違いで使われる頻度の方が高いのです。I thought you were busy. は「あなたが忙しいと思っていた」と訳しますが、その中には「でも、実際には忙しくなかった」という反語の意味が隠されているのです。そこからネイティブは「あれ、忙しくなかったの?」というような勘違いをしてしまうのです。他の例も抑えておきましょう。

【例】 **I thought it was going to rain.**
雨が降ると思った（でも、降らなかった）。

**I thought I was going to be late.**
遅れると思った（でも、間に合った）。

したがって、冒頭の I thought I wanted to finish today. の要求を強調させるなら、I wanted to finish today. とシンプルに言うのがいいのです。

# go to 動詞...とgo and 動詞...の違い

## toかandを用いるかで意味が大きく変わる

### 例文を比較してみましょう

**I went to check the facts.**
私は事実を確認しに出かけました。

VS

**I went and checked the facts.**
私は出かけて、そして事実を確認してきました。

### ポイント解説

この文は似ているようで、実は大きな違いがあります。I went to check the facts. は「事実を確認するためにその場所に行きました（だけど確認はしませんでした）」というニュアンスが含まれています。

このように「その行為をしようと思ったけれど、実際にはしなかった」という表現をしたい場合には but を使って文章を続けます。

---

**I went to talk to my supervisor, but he wasn't there.**
私は監督と話しに出かけましたが、彼はそこにはいませんでした。

**I went and talked to my supervisor.**
私は出かけて、そして監督と話しました。

---

**I went to get the report, but I couldn't find it.**
レポートを取りに出かけましたが、見つけることはできませんでした。

**I went and found the report.**
私は出かけて、レポートを見つけました。

# allの使い方

## 強調の対象が「数」なのか「比較対象物」なのかはallの位置次第

### 例文を比較してみましょう

**Most of all our clients are disappointed.**
何より、お客様はがっかりしている。
(Most of all = 何より)

VS

**Most all of our clients are disappointed.**
ほとんどのお客様はがっかりしている。

### ポイント解説

ネイティブがMost of all our clients are disappointed. と聞くと、ほとんどのお客様という数のことよりも、何よりもお客様ががっかりしていることを強調しています。

【例】 **Most of all, we have to improve quality.**
何より、品質を上げないといけない。

**The thing we want most of all is stability.**
何よりも欲しいものは安定性です。

反対にMost all of our clients are disappointed. と言えば、ほとんどのお客様という数を強調していることになるのです。このパターンの例文を抑えておきましょう。

【例】 **Most all of the countries in the world agree.**
世界の国の大部分は同意している。

**Most all of our products are made in Japan.**
私たちの製品のほとんどが日本で作られている。

## Oh, と Well, の違い

# excuse meの文頭にOh,かWell,を入れる場合、どちらがふさわしいのか?

### 例文を比較してみましょう

**Well, excuse me.**
ま、それは失礼しました。

vs

**Oh, excuse me.**
あ、失礼しました。

### ポイント解説

well には「ええっ!」「いやー」といった驚きや疑念などを表すことがあります。例えば、Well, I didn't think you were coming.「いやー、今日、君が来てくれるとは思わなかった」と言った時のWellには、皮肉が込められているのです。ですから、Well, excuse me. もWellがあるので意地悪に聞こえてしまいます。

これがOh, excuse me. であれば素直な謝罪になります。Ohは驚いた時だけでなく、応答のきっかけや謝罪、感謝の言葉などでもよく使われます。

| **Thank you.**<br>どうも。 | **Oh, thank you.**<br>どうもありがとう。 |
|---|---|
| **You're welcome.**<br>どういたしまして。 | **Oh, you're welcome.**<br>いえいえ、どういたしまして。 |
| **Sorry.**<br>ごめん | **Oh, sorry.**<br>ホントにゴメンなさい。 |

## considerの誤用と正しい使い方

勘違い編 / 単語

# ビジネスで使われるconsiderは「検討する」の意味でもよく使われる！

**例文を比較してみましょう**

| He considered a good manager. | VS | He's considered a good manager. |
|---|---|---|
| 彼は優秀な経営者を検討した。 | | 彼は優秀な経営者だったと思われている。 |

**ポイント解説**

considerは、「誰々が…することを考慮する」という意味が一般的ですが、ビジネスではよく「検討する」の意味でも使われます。

【例】 **He considered canceling the meeting.**
彼は会議を中止にするか迷った。

**He considered her a smart engineer.**
彼は彼女が頭のいいエンジニアだと思った。

冒頭のHe considered a good manager. は日本語に訳すと「彼は優秀な経営者を検討した」となってしまい、不自然な言い方になってしまいます。これを避けるためにも、文法上、受身の形をとりますが、He's considered to be a good manager. のようにto beが入るのではないかと思われる方もいるかもしれません。しかし、ネイティブはto beを入れると古い英語に聞こえるため、今ではあまり使いません。したがってこの場合は、He's considered a good manager. となるのです。

## overworkの誤用

# overwork＝「残業」の意味ではない!!

**例文を比較してみましょう**

| I overworked 20 hours. | VS | I did 20 hours of overtime. |
|---|---|---|
| 20時間過労した。 | | 20時間残業をした。 |

**ポイント解説**

　日本人はよく、overworkを「残業」という意味で使ってしまいがちです。実はこのoverworkは「過労」「働きすぎ」という意味であり、「残業」という意味はないので注意しましょう。「残業」はovertime、「残業する」はdo overtime（＝work overtime）を使います。
「残業」を使った例文をみてみましょう。

【例】 **I did a lot of overtime last week.**
　　　先週は残業ばかりだったよ。

　　**I wish I could get paid for overtime.**
　　残業代が出ればなぁ。

＊pay overtimeは「事業者が社員に残業を支払う」という意味ですが、get paid for overtimeは「社員が事業者に残業代を支払ってもらう」という違いがあるので注意してください。

　もし、overworkを動詞で使う場合には、例えばHe overworks his staff.「彼は従業員を過度に働かせています」のように目的語が必要になります。

# stop to不定詞とstop動名詞の違い

## stop to不定詞は動作、stop動名詞は行為を表す

**例文を比較してみましょう**

| I stopped to smoke. | vs | I stopped smoking. |
|---|---|---|
| タバコを吸うために立ち止まった。 | | タバコをやめた。 |

**ポイント解説**

通常、to 不定詞または動名詞のいずれを用いても、forget, rememberなどの一部の動詞を除き、意味に大きな違いはありません。

例えば、I like to shop. またはI like shopping. はどちらも「私は買い物が好きです」という意味です。

しかし、stopを使った場合にはforgetやrememberなどと同様に意味に違いがあります。I stopped to smoke. は「タバコを吸うために立ち止まった」という動作を表す意味になるのに対して、I stopped smoking. は「タバコを吸うのをやめた」という行為を表す意味になります。他にもよく使われる表現をみてみましょう。

| I stopped to talk to George. | I stopped talking to George. |
|---|---|
| 私はジョージと話すために止まりました。 | 私はジョージと話すのをやめました。 |

## succeedの誤用

# 引継ぎよりも力関係の意味が意外に強いsucceed

### 例文を比較してみましょう

**I succeeded Mr. Tanaka.**
私は田中氏を倒した。

vs

**I was chosen to replace Mr. Tanaka**
私は田中氏の後任に選ばれた。

### ポイント解説

succeedは「成功する」と訳されることが多いですが、「後を継ぐ」「後任になる」という意味もあります。I succeeded... と言えば「私の方が…より強い」→転じて「…を倒した」の意味が強くなり、「なんだよアイツ、偉そうだな」と思われることがあるのでネイティブはほとんど使いません。

この場合は「後任に選ばれる」のbe chosen to replaceを使ってI was chosen to replace Mr. Tanaka. と言うか、または「後任」を表すreplacementを使ってI'm the replacement for Mr. Tanaka. 「私は田中氏の後任です」の方がより自然な表現になります。

もし謙遜したいのであれば、I can wear his shoes, but I can't fill them. があります。直訳すると「彼の靴は履けるが（私の足が小さいので）ピッタリではない」となりますが、つまり、「私は彼の後を継ぐが、彼ほど完璧に仕事はこなせない」という意味になります。

I succeeded Mr. Tanaka.

後任

## tryの盲点

# I'll try to…には「あきらめ」の気持ちとしてとらえられるケースもある

### 例文を比較してみましょう

| I'll try not to disappoint you. | vs | I won't disappoint you. |
|---|---|---|
| がっかりさせないように努力します。 | | がっかりさせるつもりはありません。 |

### ポイント解説

日本人にとってI'll try to… から始まる英文は、tryが「挑戦する」の意味から、その後に続く文章がポジティブなものが来ると思いがちです。

しかし、残念ながら try to 不定詞には「とりあえずやったけど、残念な結果になった」の意味（20ページ参照）があります。

【例】 **I'll try to go to the meeting.**
とりあえず会議に出てみます。

| この言い方は避けましょう | こう言いましょう |
|---|---|
| **I'll try to finish on time.**<br>とりあえず時間通りに終わらせるようにします。 | **I'll do my best to finish on time.**<br>時間通りに終わらせるように最善を尽くします。 |
| **I'll try to help you.**<br>とりあえず手伝いましょう。 | **I'll do whatever I can to help you.**<br>手伝えることは何でもやります。 |

ですからネイティブはその人がこれから未来に向かって成功しようと頑張ろうとするものの、成功の実現が難しくあきらめの気持ちがあるととらえているのです。

もしもあなたが前向きな気持ちを表現したいのなら、I'll try to... から始まる文は避けましょう。よりポジティブに聞こえる例文については、前ページに比較形式で挙げましたので、参考にしてみてください。

I'll try to go to the meeting.

# try to 不定詞とtry 動名詞の違い

## try to不定詞は「…しようとする」、try動名詞は「試しに…してみる」の意味

**例文を比較してみましょう**

| I tried to ask him. | VS | I tried asking him. |
|---|---|---|
| 彼に尋ねようとした（だけど尋ねられなかった）。 | | 彼に尋ねてみた。 |

### ポイント解説

　to 不定詞と動名詞のいずれかを用いても一部の動詞を除き、意味が同じであることは16ページのstopのところで触れました。

　tryもstopのケースと同様に、to 不定詞と動名詞では意味が異なりますので注意しましょう。

　try to... は「…をしようとする」の意味で、やってみたけど成功しなかった、残念な結果になったということに対して、try 動名詞は「試しに…をしてみる」の意味で、「やってみた結果、成功した」とか、「いい結果になった」という違いがあります。他にもよく使われる例をみてみましょう。

| I tried to open the door. | I tried opening the door. |
|---|---|
| ドアを開けようとした（だけど開かなかった）。 | ドアを開けてみた。 |

## defectとdefectiveの違い

# 動詞defectには「亡命する」の意味があるってホント?

### 例文を比較してみましょう

**These parts are defecting.**
これらのパーツは亡命している。

VS

**These parts are defective.**
これらは欠陥品です。

### ポイント解説

外国から仕入れた品物に欠陥を見つけてしまった場合、These parts are defecting. と伝えたら相手はビックリしてしまうでしょう。なぜなら動詞のdefectは「(国家・主義などを)捨てる」「(…へ)亡命する」の意味であり、例えばHe defected from the Soviet Union. は「彼はソビエトから亡命した」と言っていることになってしまうからです。

「欠点[欠陥]のある、不備[不完全]がある」→「これは欠陥品です」と伝えたい時には形容詞のdefectiveを用いて、This part is defective. またはThis is a defective part. と表現します。

> These parts are defective.

## commonとmutualの違い

# commonは「共通の」よりも「一般的」で用いられる方が多い!!

### 例文を比較してみましょう

| It's a common problem. | VS | It's a mutual problem. |
|---|---|---|
| よくある問題だ。 | | 共通の問題だ。 |

### ポイント解説

　commonには2つの意味があります。1つはご存知のように「共通の」という意味です。ネイティブはこの単語をhave... in common「…の共通点がある」というイディオムで使うことが多いのです。

【例】　**You and I have a lot in common.**
　　　あなたと私にはたくさんの共通点があります。

　　　**Those two companies have nothing in common.**
　　　この2社には共通点がありません。

　しかし、よく使われているのは「一般的」の方の意味で、Family-owned companies are common in Japan.「家族経営（同族会社または同族企業）は日本では一般的です」のように使います。
　もし、「共通の」を表現したいのであれば、上記のIt's a mutual problem.のようにmutualを用いましょう。

# commonとpopularの違い

# popularはよい意味の時にしか用いない

### 例文を比較してみましょう

| This type of accounting is less popular now. | vs | This type of accounting is less common now. |
|---|---|---|
| この経理方法は、今ではあまり人気がない。 | | この経理方法は、今ではあまり使われない。 |

### ポイント解説

popularはよい意味で用いられるのに対して、commonはよい意味でも悪い意味でも用いられます。したがって、ネイティブがpopularを聞くと「人気者」のイメージを強く持ってしまうのです。ですから、歌や本、映画などでよく使われるのです。

### 【例】 We had two popular products last year.
去年ヒットした商品は2つありました。

＊ヒット商品はpopular products以外に、hit productsとも言います。

「よく知られた」とか「一般的」を英語で言いたい場合は、22ページでも出てきたようにcommonを使いましょう。

### 【例】 It's becoming more common to hire mid-career employees.
中途採用はより一般的になってきている。

### Managers like him aren't common anymore.
彼のようなマネージャーは今ではもう一般的ではない。

＊mid-career employee＝中途採用、中間管理職

## halfの誤用

# 「割り勘にする」はpay halfではない！

**例文を比較してみましょう**

| Let's pay half. | VS | Let's split it. |
|---|---|---|
| 半分だけ支払いましょう。 | | 割り勘にしましょう。 |

### ポイント解説

　食事等の会計場面で「半分に」「割り勘で」と会話しているのをよく耳にします。その際に2人がそれぞれ半分ずつ支払う時に「半分」という発想から思わずhalfという単語を使ってしまうことが多いようです。例えばLet's pay half.と言うと、食事代の半分だけを支払おうということになり、「半分は食い逃げしましょう」ととらえかねません。

「各自で」という発想からeachをつけて2人の場合はLet's each pay half.、3人の場合は Let's each pay a third. のように言っても間違いではありません。ところが、ネイティブはむしろ「分担する」「分割する」の意味があるsplit「裂く」を使い、人数に関係なく表現できるLet's split it. や Why don't we split it? を用いるのです。it は bill「勘定書」、つまり請求された代金を指し、split the bill とすれば「(代金を人数分で割って) 折半にする」という正しい意味が表現できます。

　また、Let's split the bill. の他に Let's go Dutch. と言っても同じ意味になります。

## softの誤用

# soft=「優しい」と思い込んでいると思わぬ痛い目に遭う!?

**勘違い編 / 単語**

### 例文を比較してみましょう

**He's soft.**
彼は頭が悪い。

vs

**He's gentle.**
彼は優しい。

### ポイント解説

soft=「優しい」と覚えてしまっている人が少なくありません。しかし、これを正しいと思い込んで使ってしまうと、状況によっては、大変なことになります。というのもネイティブにとってHe's soft. は、He's soft in the head. を略した言い方でとらえられてしまうからです。ポイントは be soft in the head。このイディオムは「頭がいかれている」の意味で、もう少しくだけた言い方をすると、「頭が悪い」の意味になるのです。

別の使い方としてはA (人) is soft on...「Aが…に対して甘い」がありますが、これは人をやや小馬鹿にしているニュアンスが含まれています。

【例】 **He's soft on young women.**
彼は若い女性に対して甘い。

**He's soft on people who are late.**
彼は遅れてきた人に何も言わない。

「○○さんは優しい人」のように「優しい」を言いたいのであれば、He has a gentle disposition.「彼は優しい気質だ」のように使いましょう。

## apparentlyの誤用

# apparently=「明らかに」で覚えていたら大間違い！

**例文を比較してみましょう**

This plan will apparently fail.
この企画は失敗するでしょう。

vs

It's apparent that this plan will fail.
この企画が失敗するのは明らかだ。

### ポイント解説

　形容詞のapparentは確かに「明白な」「明らか」という意味があるのですが、これを副詞 apparently＝「明らかに」の意味で覚えてしまっている人が少なくありません。残念ながらそれは間違いで、「…らしい」「…ようだ」の意味になってしまうのです（ちなみに、副詞の「明らかに」を用いるのであれば、clearlyやobviouslyなどがありますが、ここではapparentlyとapparentに関することが中心なのでclearlyやobviouslyなどの詳細はスペースの都合上、割愛させていただきます）。

　apparentlyはまた、自分には責任がない、投げてしまっているなどと、ややネガティブな面が含まれてしまい、皮肉に聞こえてしまうこともあるので気をつけましょう。

【例】 **She apparently doesn't care what happens.**
彼女は何が起ころうと気にしていないようだ。

**She apparently hates working here.**
彼女はここで働くのがイヤなようだ。

## exactlyとjustの違い

# 商談時に使うjustは「たったの」、exactlyは「ちょうど」の意味

### 例文を比較してみましょう

**Is the price just $10?**
値段はたったの10ドルですか(安い!)?

VS

**Is the price exactly $10?**
値段はちょうど10ドルですか?

### ポイント解説

日本語の「ちょうど」という意味で使われる「ジャスト」を英語でjust $10と言うと、「たったの10ドル!?(えっ、安い!)」に聞こえます。The best price is just $10.「提供できる値段はたったの10ドル。安いでしょう」という意味になります。日本語のちょうど=ジャストを言いたい場合はjust exactlyまたはexactly を使います。商談の場であなたが思わず Is the price just... (金額)? と言ってしまうと、相手は値段をつり上げるかもしれませんよ。

Is the price just $10?

## justの盲点

勘違い編 / 単語

# justを入れただけで
# 皮肉な言い方に変わることもある!!

### 例文を比較してみましょう

| That's just great.<br>上出来だね<br>（本当はよくないんだけど…）。 | **VS** | That's great.<br>よかったです。 |

### ポイント解説

　justは「ちょうど」や「たった今」など多くの訳があり、使いにくい単語の1つです。辞書には出ていないかもしれませんが、実は、ネイティブには使う状況によって皮肉に聞こえる場合があります。ここでは皮肉のケースを取り上げました。

　That's great. は「よかったですね」の意味ですが、justをたった1語入れただけで、「上出来だね」の中に「本当はよくないんだけど…」の意味が隠されているのです。他にjustを含む皮肉な言い方があるので抑えておきましょう。

| **Just wait and see.**<br>今に悪いことが絶対起こるぞ。 | **Wait and see.**<br>待ってみよう。 |
|---|---|
| **Just try it.**<br>やりたいなら、やれよ。そしたら分かるさ。 | **Try it.**<br>やってみたら。 |
| **Just listen.**<br>黙って聞いてよ！ | **Listen.**<br>あのね、聞いて。 |

# lateとlatelyの違い

## 「最近の」で用いられるlateは名詞を伴う

### 例文を比較してみましょう

| I arrived at the office **lately**. | VS | I arrived at the office **late**. |
|---|---|---|
| 最近、オフィスに着きました。 | | 遅れて会社に着きました。 |

### ポイント解説

lateとlately は似ていて紛らわしいのですが、2つには違いがあります。lateには「遅い」「遅れて」「最近の」という形容詞や副詞の意味がありますが、形容詞「最近の」で用いられる場合には名詞を伴って、例えば、I read it in a recent issue of a magazine.「最近の雑誌で読んだ」のように使われます。

【例】 **I'm sorry I'm late.**
遅れてごめんなさい。

**He was an hour late for work because of a train accident.**
電車事故のため、彼は1時間遅れて会社に来ました。

# budgetの誤用と正しい使い方

勘違い編 / 単語

# 「予算がオーバーする」を budget is overと言ってないか!?

### 例文を比較してみましょう

**Our budget is over.**
予算が終わりました。

VS

**It's over our budget.**
予算オーバーです。

### ポイント解説

日本人がよく間違える表現の1つです。数量や程度が超過してしまっている意味でよく使う「予算がオーバーした」= Our budget is over. と言ったとします。果たして、この英文の訳は合っているのでしょうか。

実は、これは「予算がオーバーした」と言っているのではなく、「予算が終わりました」のように聞こえてしまうのです。これを正しく表現するのであれば、It's over our budget. となります。これは、It's too expensive. と同じニュアンスを含んでいます。

【例】 **The meeting is over.**
会議が終わりました。

**The sales campaign is over.**
販売キャンペーンは終わりました。

もし、冒頭の予算オーバーに対して、予算が足りないと言いたい場合はWe don't have a big enough budget. とかOur budget is too small. と表現します。予算オーバーに関連した似た表現については次ページに挙げましたので、抑えておきましょう。

> **便利な表現**
>
> ### It costs too much.
> 高すぎます。
>
> ### It's more than we expected.
> 思っていたよりも高いです。
>
> *「思っていたよりも高い」はIt's higher than we expected.もありますが、higherよりもmoreを使ったのは、ネイティブにとって自然に聞こえるためです。

勘違い編

単語

It's over our budget.

Our budget is over.

## coldとdiseaseの違い

# diseaseの意外な意味を知っているか？

### 例文を比較してみましょう

**I have a disease today.**
今日、重病だ。

VS

**I have a cold today.**
今日は病気だ。

### ポイント解説

「私は病気だ」を表現する時、日本人は「病気」を表す名詞のdiseaseを用いることが多いようです。ところが、diseaseには一般的な病気よりも、重病、伝染性の病気などの意味の方で多く使われるのです。なお、職場に病気で休む旨を伝える時にはsick-leaveを用います。下記はよく使うので覚えましょう。

### 便利な表現

**I'm not feeling well, so I'd like to take sick-leave today .**
体調がすぐれないため、本日、休暇をいただきたいのですが…。

**He got a week's sick-leave because of the flu.**
インフルエンザのため、彼は1週間の病気休暇を取った。
＊sick-leave…病気休暇

I have a disease today.

## educationの誤用

# 社員教育の「教育」はeducationを使っていないか？

**勘違い編 / 単語**

### 例文を比較してみましょう

**We provide employee education.**
基礎的な教育を行っている。
(provide education = 教育を行っている)

VS

**We provide employee training.**
社員教育を行っている。
(provide employee training = 社員教育を行っている)

### ポイント解説

employee educationは文字通り訳すと「社員教育」になります（辞書によっては、「社員教育」の意味で出ているのもあるようです）。ところが、ネイティブがこのeducationを聞くと、会社で行う社員教育の意味ではなく、「基本教育」のニュアンスを強く感じてしまいます。ですから、その社員がまだ中学校しか卒業していないので基礎的な教育をしているのかと思われるのかもしれません。そこで左の訳は意訳して「基礎的な教育を行っている」としているのです。

もし、社員教育を表現するのであればemployee trainingとなり、社員教育を行うの「行う」は動詞provideを用いることがポイントとなります。

【例】 **We have a new employee-training program.**
新入社員の教育プログラムがあります。

**I had to take two months of training.**
2ヵ月の研修を受けなければならなかった。

**I have a training session this afternoon.**
午後に勉強会があります。

## jobとworkの違い

# workとjobを正しく使い分けられるか?

### 例文を比較してみましょう

**Do you like your work?**
あなたが作る作品は好きですか?

VS

**Do you like your job?**
自分の仕事が好きですか?

### ポイント解説

workにはいろいろな意味があり、日本人にとって使い方が実に難しい単語の1つです。

Do you like your work? は「あなたがした作業は好きですか?」と訳しますが、ネイティブにはあまり聞き慣れない表現になってしまいます。例えば、陶芸家にDo you like your work? と言った場合、「あなたが作る作品は好きですか?」と尋ねていることになるのです。

【例】 **His work is sloppy.**
彼の作るものは雑だ。

**His work is excellent.**
彼の作るものはスゴイ。

この他にworkには「工場」の意味もあり、特に複雑な工程を要する大きな工場 steel works「製鋼所」をさすこともあります。つまり、工場=factoryの単語だけではないのです。

一方、同じく紛わしいjobにも複数の意味があり、主に雇われている会社のことをさすことが多く、以下のように使われます。

【例】 **I have a good job.**
私はいい会社に勤めている。

**I'm thinking about quitting my job.**
私は仕事を辞めようと思っている。

jobのもう1つの意味は、自分が依頼されている仕事という意味になります。

【例】 **I have two jobs today.**
今日は2つの仕事の依頼を受けている。

**I have a big translation job to finish today.**
今日は大きい翻訳の仕事を終えないといけない。

もしあなたが相手に「携わっている仕事のこと」について尋ねる場合は、Do you like your job? を使いましょう。また、この他によく使われる表現も一緒に覚えておきましょう。

> 便利な表現
>
> **How do you like your job?**
> 仕事はどうですか?
>
> **Do you enjoy working there?**
> その仕事、楽しんでいますか?

Do you like your work?

# leave officeとleave the officeの違い

## leave とofficeの間にtheの有無で相手は冷静になるか大騒ぎするか

**例文を比較してみましょう**

| He left office. | VS | He left the office. |
|---|---|---|
| 彼は会社を辞めた。 | | 彼は退社(帰社)した。 |

### ポイント解説

　先に帰社した同僚に外国人のお客様が来社されたり、電話で問合せがあった場合、He left office. と伝えたら、相手は慌てて事情や理由を聞いてくるでしょう。なぜならleave officeは、「退職する」や「役職の任期を終える」「退任する」などの意味が含まれているからです。例文は「会社を辞めた」を取り上げましたが、一般的に「役職の任期を終える」「退任する」の方が多く使われます。leave the officeのパターンで使える表現を挙げましたので活用してください。

【例】 **He left the office at 1:00 P.M .**
彼は午後1時に会社を出た

**He left the office on time.**
彼は定時に会社を出た。

**He left the office early today.**
彼は本日早退した。

**An emergency came up and he had to leave early this afternoon.**
彼は急用のため、午後早退した。

＊An emergency came up andについて：「急用のため」を英語にするなら、Because of urgent businessを思い浮かべた方もいるのではないでしょうか。表現は間違いないのですが、ネイティブは通常、Because of urgent businessを用いた言い方はしません。

He left office.

勘違い編

単語

## be disadvantagedの誤用

# be at a disadvantage は取引や交渉時に活用したいイディオム

**勘違い編 / イディオム**

### 例文を比較してみましょう

**We're disadvantaged.**
私たちは恵まれていない。

VS

**We're at a disadvantage.**
弊社は不利な立場に立たされています。

### ポイント解説

disadvantage の意味は「(人)を不利な立場にする」「(人)に損害を与える」であるため、「不利な立場に立たされている」場合には、受身形のbe disadvantaged とされる方が少なくありません。ところが、これは「(社会的に、あるいは経済的に)恵まれない」の意味になるので注意しましょう。

そこで自分たちが「不利な立場にある」「不利な立場に立たされている」と言うのであれば、be at a disadvantageを用います。交渉時等でよく使われる便利なイディオムなのです。このイディオムを使った例文をあげましたので抑えておきましょう。

【例】 **We're at a disadvantage because we have to pay for shipping.**
出荷の代金を払わなければならないので、我々(弊社)は不利な立場である。

**When it comes to language, we're at a disadvantage.**
言葉に関して言うと、我々は不利な状況です。

## be designed to の注意点

# be designed to に続く文章は失敗を招いたケースが多い

**例文を比較してみましょう**

**This program was designed to improve quality.**
このプログラムは品質向上の目的のために作られた。

VS

**This program improves quality.**
このプログラムは品質を向上させる。

### ポイント解説

be designed (in order) to... は「…の目的のためにこれを作られた」の意味ですが、その後に「だけど良くない」というニュアンスが強く含まれる場合が多いのです。ネイティブがこのような文を使うのは失敗した後の場合が多いでしょう。

【例】 **This plan was designed to improve sales, but sales dropped instead.**
このプランは売上向上のために作られたが、売上げは低下してしまった。

**This device was designed to last for five years, but it's already broken.**
この装置は5年間持つように設計されたが、既に壊れています。

「品質を改善する」と言いたい場合、シンプルに、This program improves quality. と伝えれば、相手は安心するでしょう。

## be in trouble と have a problem の違い

# trouble=トラブルとは限らない

**例文を比較してみましょう**

**I'm in big trouble.**
すごく怒られている。

VS

**I have a big problem.**
大きなトラブルになっている。

### ポイント解説

冒頭の be in trouble は日本語の「トラブルになっている」とは違って、何かしてはいけないことをやってバレてしまい、誰かに怒られている時や困っている時などに使います。ですから I'm in trouble. と聞いただけで「何かしてはいけないことをしでかしたな」と文脈で分かります。

【例】 **I'm in trouble with the police.**
（罪を犯したことがバレて）警察に追求されている。

**I'm in trouble with my boss.**
（ミスをしたことがバレて）上司に怒られている。

また、have trouble... の場合は「…をしようとしているが、苦労している」とか「困難である」「迷惑している」の意味になります。

【例】 **I had trouble finishing on time.**
時間通りに終わらせるのが大変でした。

**I'm having trouble with my staff.**
従業員（部下）は言うことを聞かない。

troubleが「トラブル」として表現する場合の例を抑えておきましょう。

## 【例】 **It's too much trouble.**
面倒だ。

### **What's the trouble?**
どうしたの?

　上記は決まり文句で、日本語の「トラブル」を英語でtroubleにすると不自然になってしまう場合が多いので、代わりにproblem を使うほうが賢明でしょう。

## 【例】 **Did you have any problems?**
何かトラブルがあったの?

### **I had a problem yesterday.**
昨日、トラブルがあったんだ。

I'm in trouble.

## go thereの誤用

勘違い編 / イディオム

# go there =「(目的地に)着く」と思い込んだら誤り!!

### 例文を比較してみましょう

**I'll go there at 7:00.**
7時にここを出ます。

VS

**I'll be there at 7:00.**
7時に着きます。

### ポイント解説

「7時に着きます」を英語でI'll go there at 7:00. と表現して問題ないでしょうか? 実はネイティブがこれを聞くと大変混乱してしまいます。日本人のビジネスマンとの待合せで私もよく悩まされていました。

go there というのはどちらかと言えば「そこに着く」というより「こちらを出発する」の意味合いが強いのです。正直この表現は曖昧で誤解をされてしまう可能性があるので、ネイティブはあまり使いません。I'll be there at 7:00. なら問題はないでしょう。他にもいろいろな言い方があります。

### 便利な表現

**I'll arrive by 7:00.**
7時までに着きます。

**I'll get there by 7:00.**
7時までに着きます。

**I'll see you at 7:00.**
7時に会いましょう。

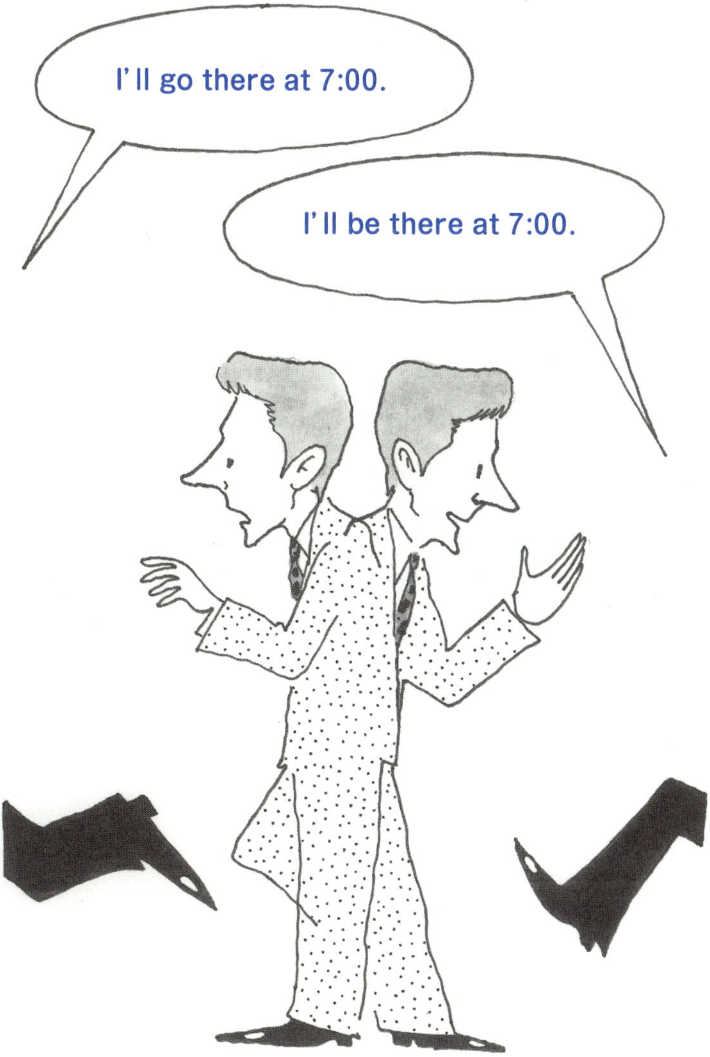
I'll go there at 7:00.
I'll be there at 7:00.

## in case of の誤用

# in case of は予期できない時や大変な時に使うことが多い

**例文を比較してみましょう**

**In case of an order, please let me know.**
万が一注文を受けたら（来ないはずだけど）、知らせてください。

VS

**If you get an order, please let me know.**
注文を受けたら、知らせてください。

### ポイント解説

in case of は予期できない時や、または起こったら困る・大変な時などに使う場合が多いイディオムです。

【例】 **In case of an earthquake, get under a table.**
地震が起きたら、テーブルの下にもぐってください。

**In case of an accident, call an ambulance.**
事故に遭ったら、救急車を呼んでください。

**In case of a fire, exit from this door.**
火事が起きたら、このドアから出てください。

起こりうる、またはいつ起きても不思議ではない状況では if を使います。

【例】 **If George calls, let me know.**
ジョージが電話してきたら、教えてください。

**If you see Ito-san, say hi to him for me.**
伊藤さんに会ったら、よろしくお伝えください。

## lead 人 around と show 人 around の違い

# お客を案内する時は show 人 around を使う

勘違い編

イディオム

### 例文を比較してみましょう

**I'll lead you around our factory.**
弊社の工場を（犬みたいに）連れ回しましょう。

VS

**I'll show you around our factory.**
弊社の工場をご案内しましょう。

### ポイント解説

lead は「導く」「へ連れて行く」の意味から lead 人 around ... で「（人）を…へ連れて行く」ととらえているようです。しかし、lead 人 around ... はまるで動物を連れ回すニュアンスが含まれているため、ネイティブは使いません（例：He leads his dog around through the park.「彼は公園を通って犬を散歩します」）。一方、お客様を会社等に案内する場合は、show 人 around ... を用います。

【例】 **Let me show you around our new office.**
新しいオフィスをご案内しましょう。

**Thank you for showing me around Tokyo.**
東京ではいろいろ案内していただきありがとうございました。

**I'll show you around Kyoto.**
京都をご案内しましょう。

## COLUMN ❶

# 食事の前にgraceを
# つぶやくのではない!!

　ある編集者とレストランで食事をしながら打合せをしていた時のこと。料理がそろい、いざ食べ始めようとしたその瞬間、その編集者が突然英語でGrace「お祈り」とつぶやいたのです。

　そこで、日本人は「お祈り」といって食事を始める習慣があるのかと尋ねました。すると、彼は「アメリカ人のほうこそ『お祈り』を言ってから食べ始めるのだろう」と主張します。

　どうしてこんな誤解が生じているのかと思い、彼に詳細を聞くと、あるアメリカ人が「アメリカでは食事の前にお祈りの言葉『grace』を言います」と教えたのを勘違いしてgraceをそのまま口にするものだと思いこんでいたのです。

　これは笑い話ですが、実際にアメリカでは今でもお祈りをしてから食事を始める習慣を持ち続けている家庭があります。そのような家庭では、うちの人はゲストにも一緒にお祈りの言葉を言ってもらってから食べ始めてもらうのが普通ですから、知識としてお祈りの言葉を覚えておくといいでしょう。

# 失礼編

日本語を話す時、日本人は非常に礼儀正しいという印象を持ちます。ところが、英語になると、途端に失礼な英語になってしまう人が少なくありません。

　またフレンドリーで構わない状況であっても、必要以上にカジュアルな英語を使ってしまい、失敗された方もいるかもしれません。

　アメリカの口語英語表現には、皮肉や反語などが複雑に混じっていたり、元の意味からかけ離れた意味合いを含むものがたくさん存在します。これらを理解することは日本人にはなかなか難しいことだと思います。本編に出てくるフレーズのニュアンスの違いを理解していただき、ぶしつけな英語を話す日本人から卒業しましょう。

## 問題

「彼女と連絡を取りたい」と伝えたいが、
1つだけ、違うものがあります。
それは次のどれでしょうか?

❶ I made contact with her.

❷ I contacted her.

❸ I contacted with her.

失礼編

クイズ

正解は次ページ

contactの問題。
ネイティブからみると
「ドキッ!」とするもの

# 正解は ❸

> **ポイント解説**

順に訳をみてみましょう。

### ❶ I made contact with her.
彼女と連絡をとった。

### ❷ I contacted her.
彼女と連絡をとった。

### ❸ I contacted with her.
彼女の体に触れた。

## contactの扱い方を間違えるとセクハラに!

選択肢をみて非常に紛らわしいですね。

みなさんは、③を正解に選ぶことができたでしょうか。それとも、①と③はcontactにwithがいずれもついているから、②を選ばれた方がいるのではないでしょうか?

さて、前置きはここまでにして解説にいきましょう。contactの意味が「連絡する」はご存じのことでしょう。熟語なら①のmake contact with...も同じなので、正解は③になります。

ではなぜcontact with...は他と違うのでしょうか。実は、contact with...になると、ネイティブは「…と接触する」→「…と体に触れる」、いわゆるセクハラを連想してしまうからです。ですから、I contacted with her.「彼女の体に触れた」はよく使われる表現ではないですが、ネイティブがこれを聞くと「ドキッ!」とするのです。

先ほどのmake contact with...に戻りましょう。類語のイディオムなら、get in

touch with...もあり、I got in touch with her.「彼女と連絡をしました」も思い浮かべたかもしれません。ところが、この文に出てきたtouchという単語を使ってI touched her. とすると意味はどうなるのでしょうか。実は、これも「彼女の体に触れた」となってしまうのです。気をつけましょう。

I contacted with her.

I contacted her.

## canとbe able toの違い

# canとbe able toは同じ意味ではない！

### 例文を比較してみましょう

| I can't go to the meeting.<br>会議に行くのは無理です。 | VS | I won't be able to go to the meeting.<br>（申し訳ないのですが、）会議には行けません。 |

### ポイント解説

　日本の学校ではcanとbe able toは同じ意味と教えているところもまだあるようですが、ネイティブは使い分けしている場合が多いのです。

　特に留意していただきたいのは、canには自分の意思が含まれることがある点です。例えばI can（can't）help you.は、やる気の有無によく使われます。これに対して能力の話だけなら、I'm（not）able to help you.と言います。

　したがって、冒頭に掲げたI can't go to the meeting.「会議に行くのは無理です」の中には多少「行きたくない」という意思が含まれているのです。

　これに対して、I won't be able to go to the meeting.は、時間や物理的に行くことが困難な場合に使います。

　なお、I won't be able to...で始まる訳は「申し訳ないのですが…」の意味が隠れているのに対して、53ページ、56ページの I'm afraid の方が相手に謝る気持ちが強く出ることもポイントです。

### 【例】 I won't be able to finish by the deadline.
（申し訳ないのですが、）締め切りまでには終わらせることができません。

### We won't be able to pay until March 15th.
（申し訳ないのですが、）3月15日までには支払えません。

## can'tの誤用と正しい使い方

# I can't... と相手にストレートに言わない！

**例文を比較してみましょう**

| I can't give you an answer. | vs | I'm afraid I can't give you an answer. |
|---|---|---|
| お答えできません。 | | 申し訳ないのですが、お答えできません。 |

### ポイント解説

「できない」についてcan'tを使っても何の問題はないのですが、実際にはI can't...は大事なお客様の前で使うと少しきつく聞こえることがあります。

もちろん、I can't give you an answer until Friday.「金曜日までお答えできません」やI can't give you an answer right now.「すぐにお答できません」などは文法的に問題ないのですが、I can't give you...と言うと「…できない」に聞こえてしまうのです。

このような場合、ネイティブはほとんど無意識にI'm afraidを文頭に添えます。これを添えたことによって「申し訳ないのですが…」という気持ちが伝わり、きつい表現をやわらげてくれるのです。

【例】 **I'm afraid I can't go to the seminar.**
申し訳ないのですが、セミナーに参加できません。

**I'm afraid I can't finish by Monday.**
申し訳ないのですが、月曜日までには終わりません。

## canとwillの違い

# willが失礼に当たる時も意識しよう

### 例文を比較してみましょう

**When will you send it?**
一体、いつ送るつもりですか？

VS

**When can you send it?**
いつ送ることができますか？

### ポイント解説

When will you...? は丁寧なフレーズに聞こえますが、実を言うと失礼に当たる場合があります。というのも日本語では「いつ…するつもりですか」となりますが、英語のwillには単に未来だけでなく、「意思」の意味も含まれているからです。ですから、状況によってはWhen will you send it? は「一体、いつ送るつもりですか？」と喧嘩しているように聞こえてしまうことがあるのです。

したがって、このような場合は相手の状況を尋ねるWhen can you send it? がふさわしいのです。

もし、左のような例文のwillを使って「いつ送ることができるか」を尋ねたい場合、will...can〜 は残念ながら使えません。その場合はwill... be able to〜としてWhen will you be able to send it? と言うようにしましょう。

When will you send it?

## will not と won't be able to の違い

# I will not... も I won't... と同様に避ける！

**例文を比較してみましょう**

| I will not go by express train. | VS | I won't be able to go by express train. |
|---|---|---|
| 特急電車では絶対に行けません。 | | （申し訳ないのですが、）特急電車では行けません。 |

**ポイント解説**

I will not go by express train. も I won't go by express train. も will には「意思」の意味が含まれており（54ページ参照）、「特急電車では絶対に行けません」の気持ちが強く出ている表現なのです。

特にI will not... は反対意見を主張する場合によく使いますが、ビジネスでは目上の人や上司などに対して使うのは避けたほうがいいでしょう。

この場合はI won't be able to... と言うか、さらに控えめなI'd rather not go by express train.「特急電車では行けないのですが…」と言いましょう。

| I will not lie for you. | I'd rather not lie for you. |
|---|---|
| あなたのために嘘を言いません。 | あなたのために嘘なんてつきません。 |

## won'tの誤用と正しい使い方

# I won't...は拒否や怒りを示す

### 例文を比較してみましょう

**I won't call him.**
彼には電話するつもりはありません。

VS

**I'm afraid I won't be able to call him.**
申し訳ないのですが、彼には電話することができないでしょう。

### ポイント解説

I won't（=I will not）は反対意見を主張する場合に使うことが多い点については55ページでも触れました。冒頭のI won't call him. にしても、下記の例文にしても、目上の人や上司などに対して、このような言い方をされたら、不快感を与えたり、怒り心頭に発することにもなりかねません。

【例】 **I won't do it !**
それをするつもりはありません。

**I won't ever talk to him again.**
彼とはもう二度と話すつもりはありません。

この場合も、55ページと同様にwon't を won't be able toに変え、さらに冒頭にI'm afraid「申し訳ないのですが…」を添えるようにしましょう。
I'm afraidを入れることで、52ページや55ページで出てきたI won't be able to... よりも「申し訳ないのですが…」「残念ですが…」の気持ちが強く出るのです。この点についても覚えておきましょう。

**【例】 I'm afraid I won't be able to go to the meeting.**
申し訳ないのですが、会議には行くことができません。

**I'm afraid I won't be able to finish by tomorrow.**
申し訳ないのですが、明日までに終わらせることができません。

**I'm afraid I won't be able to help you today.**
申し訳ないのですが、今日、手伝うことができません。

I won't call him.

失礼編

語法・用法

## Can you...?とWould you...?の違い

# ネイティブも悩まされるフレーズとは…

**例文を比較してみましょう**

| **Would you please pick me up?**<br>迎えに来ていただけますか？ | VS | **Can you pick me up?**<br>迎えに来てくれませんか？ |

### ポイント解説

「Would you...?, Could you...?, Can you...? はどれが丁寧か?」の疑問を持たれる方も少なくありません。例えば、相手が断りにくい言い方はどれかと考えると、ネイティブにとってこれらは悩まされるフレーズ群なのです。

相手に断わられると本当に困るのはWould you...? ですが、相手のことを考えて相手が断りやすいような言い方をしたいならCan you...?と言った方が丁寧になる場合が多いでしょう。おそらくネイティブが一番使うのはCould you...?ではないでしょうか。これは丁寧な響きでもあるため、相手にそれほどプレッシャーを与える言い方ではないからです。Could you...? については、59ページで触れますので、ここではCan you...?に関する他の例文も抑えましょう。

【例】 **Can you be more specific about this product?**
その製品についてもっと具体的に話してくれませんか？

**Can you finish the job by tomorrow?**
明日までにその仕事を終わらせてくれませんか？

**Can you put the documents for the meeting together by 10:00?**
午前10時までに会議用の資料をまとめてもらえませんか？

## Could you...?とWould you please...?の違い

# Would you please...?は依頼の中にしつこさが含まれることも…

### 例文を比較してみましょう

**Would you please do it?**
なんとかお願いしますよ。

VS

**Could you do it?**
よろしくお願いします。

### ポイント解説

Would you please...? は人に何かをお願いする時に使えますが、やや命令調になります。例えばレストランなどで注文する時、Would you please bring me some coffee?「コーヒー持ってきてくれるかな?」とかWould you please bring me the wine menu?「ワインリストを持ってきてくれるかな?」と言うのは問題ありません。

ところが、会社で人に依頼する状況で使うと「頼みますから…をやってくれ」や「なんとかお願いしますよ」のニュアンスが強くなります。ネイティブがこれを聞くと、「何回頼めば分かってもらえるの!?」という訴えの気持ちが強くなるので、使うのは避けましょう。

【例】 **Could you schedule the presentation?**
プレゼンテーションの予定を組み込んでいただけないでしょうか?

**Could you come a little early?**
ちょっと早く来ていただけないでしょうか?

## pleaseの誤用①

# 「…していただけると有難い」の that would be greatを活用しよう

**例文を比較してみましょう**

| Let us know your answer by Friday, please. | VS | If you could let us know your answer by Friday, that would be great. |

金曜日までに返事をください（分かったね?）。  　　金曜日までにご返事をいただけると有難いのですが…。

**ポイント解説**

ここのポイントはpleaseの使い方。大きく言って2つのポイントがあります。

1つは文頭、または文末に置く点です。ネイティブは、Give me…, please. またはPlease give me… というフレーズを聞いた途端に、子供っぽいという印象を抱いてしまいます。なぜなら、よく子供たちが「～ちょうだい」と言いたい時に、このフレーズを口にする連想がしみついているからだと思われます。もちろん家庭や友人との会話などに対して使っても問題はありません。

ただし、ビジネスでは打合せの席や上司との受け応えなどで使うのはあまりお勧めできない表現です。その場合は下記のような表現を心掛けましょう。

【例】 **Do you think you could give me some advice (help)?**
アドバイスを（手伝って）いただけませんか?

もう1つは、丁寧な依頼をするのにpleaseをつけるのはメールでは問題ありませんが、口頭だと「…してください」と意外にもややキツイ言い方になってしまう点です。それを避けるためにも、…, that would be great.「…していただけ

ると助かります」「…していただけると有難い」を使ってやんわりと話すようにしてみましょう。

## 【例】 If you could finish by 3:00, that would be great.

3時までに終わらせてくれると、助かるのですが…。

### If you could have Mr. Ito call me when he gets back, that would be great.

伊藤さんがお戻りになりましたら、折り返し電話をいただけると有難いのですが…。

> Let us know your answer by Friday, please.

失礼編

語法・用法

## pleaseの誤用②

# 依頼は部下であっても
# couldを使った丁寧な表現をしよう

**例文を比較してみましょう**

| **Please copy these reports.** | vs | **Could I get you to copy these reports?** |
|---|---|---|
| これらのレポートをきちんとコピーしてください。 | | これらのレポートのコピーをお願いします。 |

### ポイント解説

　Please...は丁寧な命令にはよく使います。例えば、レストランではPlease bring me an extra dish.「追加料理を持ってきてください」や Turn down the heat, please.「暖房を弱めてください」などがあります。ところが、会社では部下であってもPleaseを使った命令表現ではなく、Couldを使った丁寧な依頼を表現するようにしましょう。依頼する時の便利な表現を覚えておきましょう。

### 便利な表現

**Could I ask you to copy these reports?**
これらのレポートをコピーしてもらえますか?

**Do you think you could do it today?**
今日、これを仕上げられますか?

**Do you have time to work on this project?**
この企画を進めてもらう時間がありますか?

**Would you mind coming early tomorrow?**
明日、早く来ていただいても構いませんか?

**Maybe you could ask George about it.**
ジョージにそのことについて聞いてもらえますか?

## You should... の誤用

# Maybe you should... の
# パターンで丁寧に!

**例文を比較してみましょう**

| You should apologize.<br>謝るべきだ。 | VS | Maybe you should apologize.<br>謝った方がいいでしょう。 |

**ポイント解説**

You should... は人に忠告する時や勧めたりする時などに使われます。例えば You should go to the hospital.「病院に行くべきだ」、または You should see that movie.「その映画は観るべきだよ」があります。

しかし状況によっては嫌味に聞こえてしまうこともあるのです。そんな時は Maybe you should...「…した方がよいでしょう」「…した方がよいと思います」を使って、より丁寧にかつ慎重な言い方をするといいでしょう。

| You should explain it clearer.<br>もう少し分かりやすく説明すべきだ。 | Maybe you should explain it clearer.<br>もう少し分かりやすく説明した方がいいでしょう。 |
| --- | --- |
| You should tell the client.<br>クライアントに話すべきだ。 | Maybe you should tell the client.<br>クライアントに話した方がいいでしょう。 |

失礼編

語法・用法

## Perhaps you should...とWhy don't you...?の違い

# Why don't you...?は軽い提案や思いつき

### 例文を比較してみましょう

**Why don't you close down the factory?**
工場を閉めたらいいんじゃない?

VS

**Perhaps you should close down the factory.**
工場を閉めた方がいいでしょう。

### ポイント解説

人に提案をする場時はWhy don't you...?をよく使います。これは軽い提案、特に思いつきの場合に用いられます。

【例】 **Why don't you have dinner with us?**
一緒に食事に行かない?

**Why don't you call her?**
彼女に電話してくれない?

しかしビジネスの重要な場面でWhy don't you...?を使ってしまうと、状況によっては失礼な発言となり、相手に不快な思いを与えかねません。そんな時にはMaybe you should...「…した方がいいでしょう」「…した方がいいと思います」を使ったより慎重な言い方をするように心掛けましょう。

【例】 **Perhaps you should reconsider your strategy.**
あなたは戦略を再考した方がいいでしょう。

**Perhaps you should cancel the project.**
あなたはこのプロジェクトを中止した方がいいでしょう。

## Why did you do that?の誤用

# Why did you do that? は子供をしかる母親言葉

**例文を比較してみましょう**

| Why did you do that? | VS | Why did you decide to do that? |
|---|---|---|
| 何でそんなことをしたの!? | | 何でそのように決めたの? |

### ポイント解説

Why did you do that? は決まり文句で「何でそんなことをしたの!?」の意味です。このフレーズはまるで悪いことをした子供をしかる母親の言葉のように、ネイティブには聞こえます。

ビジネスでは、上司がミスをした部下に対して頭ごなしにしかりつける言い方をしている光景をみたことがあると思います。もしこんな言い方を何度もされたら、部下は仕事に自信をなくしてしまいますし、その上司に対して不信を持たれかねません。

このような時には、Why did you decide to do that? や以下のようなフレーズを心掛けましょう。

【例】 **Why did you choose that action?**
なぜその選択をしたの?

**What was the reason for that?**
その理由は何でしたか?

## believeの誤用と正しい使い方

# 軽く言ったつもりでも相手を非難することもあるbelieveのフレーズは…

**例文を比較してみましょう**

**I don't believe you.**
あなたは嘘つきだ。

VS

**That's hard to believe.**
それはちょっと信じ難いですね。

**ポイント解説**

　学校では、I don't believe you.は「あなたを信じていない」と学習したことと思います。これを意訳すれば、「あなたを嘘つきだ」となります。この表現はあまり使いたくありませんが、ビジネスシーンでは、相手の軽はずみな態度でケンカを売られた場合に使うことがあると思います。

　実際に軽く言ったつもりであっても、言われた相手の人柄や性格を非難しているように聞こえてしまうほどかなり強い表現です。

　これはI don't trust you.「あなたを信用していません」と同じ表現です。あなたではなく、その人が言ったことを示していることをはっきりさせることがポイントです。I don't believe that. でもいいのですが、それよりも誤解がないThat's hard to believe. の方が無難でしょう。

**便利な表現**

**Are you sure about that?**
それは確かなのですか?

**That doesn't seem right.**
それは違うような気がしますが…。

I don't believe you.

失礼編

単語

## unbearbleの誤用

# unbearbleを使うと
# 相手の怒りに油を注ぐことに…!?

### 例文を比較してみましょう

**I'm sorry, but you will be unbearable.**
申し訳ないのですが、あなたは我慢できないでしょう。

VS

**I'm sorry to cause you so much trouble.**
ご迷惑をお掛けして申し訳ございません。

### ポイント解説

お客様にこれから先迷惑をかけるかもしれないという状況で、事前に謝ってしまう方法はあります。そんな申し訳ないという気持ちからunbearableを使ってYou will be unbearable. と言うと、お客様はより立腹するのではないでしょうか。というのも、You will be unbearable. はYou will be unbearable to

### 便利な表現

**Please accept our apology for the inconvenience.**
ご迷惑をお詫び致します。

**Please forgive us for any trouble this may cause you.**
ご迷惑をお掛けしますことをお許しください。

**I hope this doesn't cause you too much trouble.**
今回の件でご迷惑をお掛けしないといいのですが…。

**I hope this isn't too much of an inconvenience.**
ご迷惑でないといいのですが…。

me. を短くした言い方で「あなたは私にとって耐え難くなる」という訳になってしまうからです。

　この場合はI'm sorry to cause you so much trouble. またはI'd like to apologize for the inconvenience. と言いましょう。また、他にもすぐに使える表現を68ページに挙げましたので、活用してみてください。

> I'm sorry, but you will be unbearable.

## careの誤用

# ネガティブで使われるcareと、ポジティブに使われるmindのフレーズとは…

**例文を比較してみましょう**

**I don't care if you come to the meeting.**
会議に出席してもしなくても私には関係ない。

VS

**I don't mind if you come to the meeting.**
会議に出席しても構いません。

**失礼編 / 単語**

### ポイント解説

careは「…かどうかを気にする」という意味で、通常、否定文や疑問文、条件文などで使われます。

例えば、He doesn't care at all whether it's cold or not.「彼は寒かろうがなかろうが、まったく気にしない」と言うように、あきらめやあきれている時などに相手を突き放すネガティブな言い方です。

上記の例文 I don't care if you come to the meeting. を見てもよくないのはお分かりいただけると思います。これを正すには、「…をしても構わない」というようにポジティブな言い方をする not mind if... を使って、I don't mind if you come to the meeting.「会議に出席しても構いませんよ」と柔らかく伝えましょう。さらに、より前向きに表現するならば You can come to the meeting if you'd like.「会議に出席したいなら来てもいいですよ」になります。

また、冒頭のcareの代わりに、matterを考えた方もいるのではないかと思います。matterはネガティブなcareとポジティブなmindの中間のニュアンスと考えてください。使い方はcareと同様に否定文や疑問文、条件文などで使用し、not matter if［whetherなど］… で「…は大した問題ではない」の訳になります。not matter if［whether］youの後ろにはwillやwouldを用いないこともポイントです。

**【例】 It doesn't matter if [whether] you come to the meeting.**
会議に出席してもしなくても、状況は何も変わらない

I don't care if you come to the meeting.

失礼編

単語

71

## expectの誤用①

# 肯定文にある expect は
# きつい意味が隠されていることもある!!

**例文を比較してみましょう**

**I expect you to be here at 9:00.**
（当然のように）9時に来てください（分かったね?）。

vs

**You need to be here at 9:00.**
9時に来てください。

失礼編

単語

**ポイント解説**

　肯定文で使われるexpectでもあまりいいものではありません。I expect you to…は積極的に聞こえるように思えますが、実は相手を突き放すような言い方が込められているのです。上記のI expect you to be here at 9:00. は「(当然のように) 9時に来てください」の意味ですが、その中に「また遅れるようなまねをするなよ!」のきつい意味が隠されているのです。

　もし、約束どおりに来ていただくなら、You need to be here at 9:00. となります。その他にも抑えておきたい例文をみてみましょう。

**便利な表現**

**Be sure to be here at 9:00.**
9時に必ずここに来てください。

**Do you think you could come by 9:00?**
9時までに来られますか?

失礼編

単語

## expectの誤用②

# I didn't expect...は思いもよらない時に使う

**例文を比較してみましょう**

**I didn't expect you.**
あなたには何も期待しなかった。

VS

**I didn't expect you to come.**
あなたが来るとは思わなかった（よく来てくれた！）。

### ポイント解説

I didn't expect you. には「あなたには何も期待しなかった」というあまり歓迎していないニュアンスが含まれています。

ところが didn't expect 人 to 動詞... で「…することを予期していなかった」というのが直訳ですが、そこから転じて「予期せぬ時に会えてうれしい」という気持ちを伝えるフレーズとなるのです。

偶然、街でばったり友達に遭った時、この言葉で気持ちを伝えられれば、相手もきっと喜んでくれるでしょう。

### 【例】 I didn't expect you to do so well.
こんなにうまくできるとは思わなかった。

### I didn't expect sales to increase this much.
こんなに売上げが伸びるとは思わなかった。

# orderの使い方

## orderの前に冠詞がないと意外な意味になる！

### 例文を比較してみましょう

**I'd like order.**
冷静になりなさい！

vs

**I'd like to place an order.**
注文したいのですが…。
(place an order = 注文する)

### ポイント解説

orderは「注文」だから、注文したい＝I'd like order. と思い込んではいませんか。ところが、orderにはいろいろな意味があり、order の前に冠詞がない場合は「冷静に」「静粛に」といった違う意味になります。もし、「注文する」という時は、place an orderを用いてI'd like to place an order. と言います。これは決まり文句になっていますので、覚えておきましょう。注文に関連する例文を挙げましたので、活用してみてください。

### 便利な表現

**Can you take our order?**
注文をお願いします。
＊食事などの注文時に、Can you take our order?の他に
May I order, please？とも言います。

**My order hasn't come yet.**
注文した商品がまだ届きません。
＊上記の他に、I haven't received my order yet. とも言います。

失礼編

単語

## questionの誤用

# questionが名詞の時と動詞の時では意味が異なる!!

### 例文を比較してみましょう

**He questioned me.**
彼は私を疑った。

vs

**He asked me a question.**
彼は私に質問をした。

### ポイント解説

名詞のquestionは「質問」ですが、動詞にすると「質問をする／尋ねる」の意味ではなく、「疑う／疑問を持つ」という意味になります。ここでは動詞で使われる例文をみてみましょう。

【例】 **I'm not questioning you, but what happened to the money?**
あなたを疑っているわけではないけど、そのお金はどうなったの？

**I question his honesty.**
彼の誠実さには疑問を抱いている。

He questioned me.

## sensitiveの誤用

# 心配性の相手に対して言う
# 適切な表現方法とは…

**例文を比較してみましょう**

**You're sensitive.**
あなたは傷つきやすいね。

vs

**You worry too much.**
あなたは心配しすぎです。

### ポイント解説

sensitiveには「思いやりがある」という訳もあります。そんなことから相手に「あなたは思いやりがありますね」を英語で伝える際にsensitiveを用いて、You're sensitive.と言ってしまう人が少なくありません（ちなみに正しい言い方は、You're thoughtful. またはYou're sensitive for other people's feelings. です）。

ところがこの場合は「あなたはちょっと批判されると敏感に反応する」→「傷つきやすいね」になるのです。よく心配する相手にはYou worry too much. と言いましょう。これに関連し、以下の表現も活用してみてください。

### 便利な表現

**I think it's going to be okay.**
大丈夫ですよ。

**I'm sure everything's going to be okay.**
まったく問題ないよ。

**I don't think we need to worry.**
心配はいらないよ。

＊weにした理由は、同情する気持ちが込められるためです。we の代わりにyouを用いても間違いではありませんが、「お前は」のニュアンスがやや強く感じられます。

## maybeの誤用

# 決断に迷いがある時は
# I mightを使う!!

### 例文を比較してみましょう

| Maybe. | VS | I might. |
|---|---|---|
| そうかもしれないし、そうじゃないかもしれない（何とも言えないね）。 | | 決めかねてます。 |

### ポイント解説

相手からAre you planning on going to the seminar?「セミナーに行きますか?」と尋ねられたとします。Maybeと答えると、相手にはいいかげんな答えをされたと思われ、怒られてもしかたがないのです。というのもMaybe にはMaybe so, maybe not. のように肯定する可能性も否定する可能性もあるという曖昧で、真剣に答えている気持ちがあまりないからなのです。

決断に迷っている時には、I might.「決めかねています」を使いましょう。確かにこのI might. は辞書にないため、我々日本人にとってなじみのないものだと思いますが、ネイティブはよく使う表現なのです。

さらに応用すると、I'm not sure, but I might.「ちょっと分かりません」、I'm not still thinking, but I might.「まだ考え中です」などがあります。そのほかに便利な表現を挙げましたので、覚えておきましょう。

### 便利な表現

**I'm still thinking about it.**
私はまだそれについて考えています。

**I haven't made up my mind.**
私はまだ決めかねています。

## hearingの誤用

# hearingを「聴聞会」の意味で使っていないか?

### 例文を比較してみましょう

**Let's have a hearing.**
聴聞会を開きましょう。
(have [= hold] a hearing = 聴聞会を開く)

VS

**Let's ask around.**
聞いてみましょう。

### ポイント解説

　日本の会社では、例えば、上司が部下に個別に意見などを聞いて回る時に「ヒアリングしましょう」と言いますが、ヒアリングを行うという発想からhave a hearingを用いる方がいらっしゃいます。

　ところが、hearingを辞書で調べると(あまり気がつかないかもしれませんが)、「聴聞会」の意味(アメリカでは、裁判の前に証拠を出し合う会のこと)があり、have a hearingで「聴聞会を開く」となってしまうのです。使い方には気をつけてください。

　hearingについてもう1つ余談ですが、以前、「ヒアリングテスト」という言葉が使われていたと思います。これは「聴覚テスト」であり、「聞き取りテスト」の意味ではありません。聞き取りテストは listening test と言います。

### 【例】 Let's see what everyone things.
みんながどう思っているのか聞いてみましょう。

### Let's get some input from everyone.
みんなの意見を聞いてみましょう。

＊inputはアイディアや意見などの提供の意味です。直訳すると不自然であるため、ここでは意見という訳語をあてました。

失礼編

単語

## opinionの誤用

# opinionは意味のない意見を求める響きになることもある

**例文を比較してみましょう**

**What's your opinion?**
あなたの意見はどうですか?

VS

**What do you think we should do?**
意見を教えていただけないでしょうか?

**ポイント解説**

opinionという単語は日本人が考えている「意見」という意味よりも、むしろ「思いつき」という感じです。opinionはあまり意味のない意見を求める響きがあり、相手に失礼させてしまうことがあるのです。ですから、特に年長者との会話では使わない方がいいでしょう。

どうしても、意見を求めなくてはならない時には、What do you think we should do? や What should we do? を用いるようにしましょう。

**便利な表現**

**What would you do?**
どうしたらよろしいでしょうか?

**Do you have any advice for me?**
何かアドバイスはありますか?

**Do you have any suggestions?**
何か提案はありますか?

## actual caseの前にある冠詞「an」と「the」の違い

# 冠詞の使い方次第で「真相」にも「実例」にもなる

**例文を比較してみましょう**

**Could you give us the actual case?**
真相を話していただけませんか？

VS

**Could you give us an actual case?**
実例を挙げていただけませんか？

### ポイント解説

ここの問題はcaseに対する定冠詞a（この場合はan）と不定冠詞theの使い方です。theには「それ」という限定の意味があります。theを使うとactual case「実際に起こった例」のうち、the actual caseは「うそではない事例」、すなわち「真相」を指すのに対して、an actual caseは「たくさんの実例の中の1つ」を指すことになります。使い方に気をつけましょう。

【例】 **I'd like to tell you about an actual case where this product saved a client millions of dollars.**
この製品がクライアントに何百万ドルも節約させたという実例をご説明しましょう。

**Here's an actual case where our services were used.**
ここに弊社のサービスが利用されていたという実例があります。

## be going to と be going to have to の違い

# 変更依頼時の強引な表現には留意すること

**例文を比較してみましょう**

| We're going to change the date | VS | We're going to have to change the date. |
|---|---|---|
| 日にちを変えるからな。 | | 日にちをどうしても変えなくてはならない。 |

**ポイント解説**

be going to... は「…するつもりです」が本来の意味ですが、文脈によっては強制的でまた脅している「…するからな」のニュアンスを感じさせることもあります。

【例】 **We're going to cancel the contract.**
契約を取り消させてもらうからな。

**I'm going to inform the police.**
警察に通報するからな。

一方、be going to have to... は「(自分がしたくなくても)…する必要がある」という表現になります。しかたなくする感じです。

【例】 **I'm going to have to leave early today.**
今日は早めに出発しなければならない。

**I'm going to have to work Sunday this week.**
今週の日曜日は仕事をしなくてはならない。

# be sure about の誤用

## be sure about に隠されたニュアンスとは…

### 例文を比較してみましょう

**Are you sure about the date?**
日にちは合っているの(信じ難いな…)?

vs

**Is the date finalized?**
日にちは決定ですか?

### ポイント解説

be sure about... は相手にはちょっと失礼に聞こえることがあります。Are you sure about...? で「そのことは確かなの?」に「信じられない」のニュアンスが含まれていて、子供が母親に嘘をついてそれを指摘される時によく使う決まり文句です。予定などを確認する場合は右の例文のように Is the date finalized (=sure)? と言いましょう。

【例】 **We need to finalize the date.**
日にちを確認する必要がある。

**I'll finalize the proposal.**
企画を仕上げよう。

finalizeの代わりにdecideもありますが、ここで違いを簡単に触れておきましょう。decideは「上から決める」というニュアンスがあり、Has the president decided on the date?「社長は日にちを決めたのですか?」のように使うのに対して、finalizeは話し合いで時間がかかって決まった場合にAfter a week, the date was finally finalized.「1週間かかって、日にちがやっと確定された」のように使います。

失礼編

イディオム

## be willing to の誤用

# be willing to には条件文の意味が隠されている!

**例文を比較してみましょう**

| I'm willing to work on Saturday.<br>（条件付きで）土曜日に働いてもいいですよ。 | VS | I don't mind working on Saturday.<br>土曜日に働くのは構いません。 |

### ポイント解説

willing は多くの日本人に誤解されている言葉です。辞書にも willing の項には「喜んで…する」あるいは「快く…する」という意味などが掲載されていることが多いのですが、実は説明不足のものも散見されます。

be willing to... というフレーズが出てきたら、be willing to...if と、後ろに条件を表す if の文章がついていると考えてください。例えば、I'm willing to help.「喜んでお手伝いしますよ」と言う時、I'm willing to help if you let me use your car.「自動車を貸してくれるのなら、喜んで手伝いますよ」のように何らかの条件を想定しながらネイティブは話をしているのです。

そこで、冒頭の左のような言い方を避けるには、自分にとってはたいしたことではない状況の中で「…するのを気にしない」「…しても構わない」「…してもよい」を表す don't mind 動詞ing... が使われるのです。

### 【例】 I don't mind working late today.
今日、遅くまで働くのは構いません。

### I don't mind working inside.
中で働くのは構いません。

*失礼編 / イディオム*

I'm willing to work on Saturday.

if

失礼編

イディオム

## make an effort to の誤用

# make an effort to の
# 否定的なニュアンスに注意！

### 例文を比較してみましょう

**We made an effort to improve our quality.**
品質を向上させるために一応努力はした。

VS

**We worked hard to improve our quality.**
品質を向上させるため一生懸命頑張った。

### ポイント解説

make an effort to... は「…するのを努力する」というポジティブな意味で学習されたことと思います。しかし、実際には、「…するために一応努力してみたけれど…」とネガティブでちょっと気分を害したような意味になることがあります。

【例】 **You didn't even make an effort!**
少しの努力もしなかったじゃないか！

そこで、make an effort to... の代わりに work hard to... 「…をするために一生懸命頑張る」というポジティブな意味のイディオムを使う方がいいのです。こんな例文をよく使うので覚えておきましょう。

【例】 **He worked hard to get his plan approved.**
彼は企画を成立させるために一生懸命頑張った。

**He worked hard to reach his sales target.**
彼は売上目標を達成するために一生懸命頑張った。

## COLUMN ❷

# 名刺交換の考え方にショック!

　ある日、友人が初対面のアメリカ人ビジネスパーソンに名刺を手渡した時に、名刺のことで2、3の質問を受けた後、そのアメリカ人は友人の名刺を二つ折りにしてポケットに突っ込んだのです。さらに、名刺を持っていないことを理由に、友人は彼の名刺を受け取れなかったことにショックを受けたのです。

　では、欧米人が名刺交換をするのはどのような時にどんな方法で行うのか、日本人との違いを交えながらお話しましょう。

### 1. 名刺交換の対象は今後、連絡を取り合う必要がある人

　日本人は初対面の相手と見るや、名刺をすかさず差し出しますが、欧米人にはそのような習慣がないのです。名刺交換は、通常、打合せ終了後の帰り際であり、今後、連絡を取り合う必要がある相手に対してのみに行います。

### 2. 名刺の受渡しは片手でやりとりする

　名刺の受渡しは、日本のように両手で丁重に差し出すことはなく、片手でさっと差し出す（右手で受け取るのがエチケットとされているが、実際は気にしない）のが普通です。アメリカ人が片手で名刺を渡して、片手で受け取っても、日本のような習慣もないため、「失礼な人だ」と思わないようにしましょう。

## 3. 名刺は情報カードにすぎない

　欧米人は名刺を受け取ると、名刺に記載された内容を眺め、相手が興味のあること(出身地など)を聞くのがエチケットです。

　中には、話の最中に名刺にメモをとる人や、名刺をポケットに突っ込む人、二つ折りにする人などがいますが、これは悪意のある動作ではありません。彼らは、相手の情報を知るためのカードとしか考えていないのです。

## 4. パーティーなどの社交の場では名刺交換はしない

　日本人はパーティーでも名刺交換を行います。特に、大勢の人と名刺交換を行う日本人がいますが、欧米人は、名刺を営業ツールだという感覚を持っているため、保険外務員がパーティーに混じっている印象を持ちます。ビジネスの話題で意気投合した時以外には、名刺を渡すのは差し控えましょう。

　ただし、人脈を広げるために催される「Network Party」のようなパーティーでは、名刺交換を行っても差し支えありません。

## 5. 重役には名刺を求めない

　CEOなど相手企業の重役に対して自ら名刺を差し出すのも禁物です。相手があなたの名刺を要求するか、第三者から紹介されるまで待つのが礼儀だと心得ましょう。ちなみに、部長クラスくらいまでなら自ら名刺を差し出しても失礼には当たらないと考えておくとよいでしょう。

# 怒り編

最近問題になっているクレーマーという存在。

ビジネスにおいてそのクレームを言った相手に対して、英語で対処しなければならない場面に遭遇された方もいらっしゃることでしょう。または微妙な段階になってきた交渉時でうっかり言ってしまった、あるいはちょっとした意思疎通のミスによって大切な人間関係にヒビが入ってしまうこともあります。火に油を注ぐような英語を使っていませんか?

というのも日本人には理解しにくい、不快な表現や禁忌表現などを知らず知らずのうちに使ってしまっているからなのです。

簡単な英語表現にこそ「ドキッ!」っとする落とし穴が隠されています。みなさんも自分自身の英語を確認してみてください。

問題

お客さまからのクレームに対して、
正しいものは次のどれでしょうか?

❶ Are you claiming this part?

❷ Is there a claim with this part?

❸ Do you have a complaint with this part?

正解は次ページ

日本人が考えているクレームと
ネイティブが考えているクレームとは
違いますね。

# 正解は❸

**ポイント解説**

順に訳をみてみましょう。

### ❶ Are you claiming this part?
この部品を自分のものだと主張するのですか？

### ❷ Is there a claim with this part?
この部品に異議申立はついていますか？

### ❸ Do you have a complaint with this part?
部品に不満（または文句）はありますか？


### claim＝「クレームを言う」の意味ではない！

　クレーム（claim）には日本人が考える「クレームを言う」の意味ではなく、「自分のものにする権利があると主張する」のニュアンスが強く含まれています。

　①のAre you claiming this part? は「この部品を自分のものだと主張するのですか？」の意味ですし、②のIs there a problem with this part? は「この部品に異議申立はついていますか？」の意味となり、相手の態度に怒っているように聞こえてしまうのです。したがって、クレームを言う時は、「…に不満［文句］がある」の意味を表すhave a complaint with… [＝make a complaint about…]のイディオムを使った③が正解となります。③の他によく使われる例文を挙げておきましたので理解しましょう。

### 【例】 No one claimed the money I found, so it became mine.
私が見つけたお金に対して誰も権利を主張する者がいなかったので、自分のものになりました。

claimはまた、「…が真実であると主張する」という意味でも使われることが多いのです。例えば、He claims he didn't place an order.「彼は注文をしなかったと主張している」という意味ですが、これには「でも彼は間違えている・嘘を言っている」というニュアンスが隠されているのです。

【例】 **They claim that they're not responsible.**
彼らは責任がないと主張している。

**The client claims the part was broken when it arrived.**
クライアントは、受領時、その部品がすでに壊れていたと主張しています。

I have a claim.

# I want you to...の誤用

# 依頼時にI want you to...は厳禁!

### 例文を比較してみましょう

| I want you to put away these files.<br>ファイルを片付けなさい! | VS | Let's put away these files.<br>ファイルを片付けましょう。 |

### ポイント解説

I want you to...というパターンは、I want you to come with me. のように「(人)に…してもらいたい」という依頼や要望で使われるイメージを持たれていることと思います。確かにその意味はありますが、want to 動詞…は直接的な言い方になることがあります。

上記のように、ビジネスの場面で使ってしまうと、相手は逆ギレすることがあるかもしれません。上下関係に疎い米国人でもビジネスの場面でI want you to... と言われたら、気分を害することがありますので気をつけましょう。

【例】 **I want you to hurry.**
急ぎなさい!

**I want you to do it right.**
ちゃんとしなさい!

英語では日本語と違って上司や部下への依頼の言い方に差がほとんどありません。左記の例文 I want you to... を丁寧に言うなら、would like you to 動詞…のパターンを用いてI'd like you to put away these files. と表現する方法もありますが、Let's... 「…をしましょう」だけでも相手には十分伝わります。他にも便利な表現パターンがあるので抑えておきましょう。

> **便利な表現**
>
> **Do you think you could...?**
> ～できますか?
>
> **Maybe you could... .**
> ～できそうですか?
>
> **Could I ask you to...?**
> ～していただけますか?
>
> **Would you mind...?**
> ～しても構いませんか?
>
> **Why don't we...?**
> ～しましょうか?

I want you to put away these files.

怒り編

語法・用法

## Let me 動詞 you...のフレーズの盲点

# Let me 動詞 you ... は丁寧な申し出の表現だけではない!!

### 例文を比較してみましょう

**Let me tell you something.**
言っておくけど…。

VS

**I'd like to tell you about something.**
ちょっと話があります。

### ポイント解説

Let 人 動詞 you... のパターンは、要求を表す「…させてください」と、強制的な命令を下す「(人)に…させなさい」、丁寧な申し出をしている「…しましょう」の訳があります。Let me tell you something. を丁寧な申し出で使うと思い込んでいると、相手に思わぬ誤解を与えてしまいます。

Let me tell you something.「言っておくけど…」は自分が怒っていることを相手に伝える時にLet me tell you something. You're not doing your job!「言っておくけど、自分の仕事をしろ!」のようによく使われます。それを避けるためにwould like to 動詞... のパターンを用いて、I'd like to tell you about something.「ちょっと話があります」と丁寧に言うようにしましょう。

### 便利な表現

**Do you have a minute?**
ちょっと時間がありますか?

**There's something I'd like to tell you.**
あなたに伝えたいことがあります。

**I need to tell you something.**
話す必要があります。

丁寧で婉曲表現をする代表的なものについて96ページに挙げておきましたので、活用してみてください。

## problemを使ったフレーズの誤用

# 逆切れに使われるようになったproblemのフレーズは…？

**例文を比較してみましょう**

**What's your problem?**
何だよ!?

VS

**What's the problem?**
どうしたのですか？

### ポイント解説

What's your problem? は本来きつい言い方ではなく、「あなたが抱えている問題は何ですか」のニュアンスです。

ところが、最近、このWhat's your problem? について使われ方が変わってきています。

相手の言った失礼な態度に対して怒る言葉「何だよ、その態度!?」として使われることが多く、以前のような「あなたが抱えている問題は何ですか」のニュアンスがほとんどなくなっているのが現状です。そこでこのような場面では、右の例文のように、What's the problem?を使う方がいいのです。さらに丁寧な言い方がありますので、関連表現として覚えておきましょう。

### 便利な表現

**Is there a problem?**
何か問題がありますか？

**Is there something wrong?**
どこが悪いの？

**Is there something I can help you with?**
何か手伝いましょうか？

マイケル、飲みに行こうよ。　結構です！　つきあい悪いなあ。

1. Hey, Michael, Let's go get a drink. — No!
2. Why are you giving me the cold shoulder?

だってさ、いつも支払うのは僕だからな。　マイケルはいつも払わされてかわいそう…。

3. Because I always have to pay.
4. It's kind of sad that Michael always has to pay.

カズはボンボンなのにケチでサイテー。　何だよ!? ケチで悪かったな！

5. Kazu is loaded, but he's such a cheapskate. He's the worst.
6. What's your problem? EXCUSE ME for being a cheapskate! — Eeek!

ヒー

（注）cold shoulder＝つきあいが悪い　It's kind of sad that...＝…されてかわいそう
loaded＝金持ちの、ボンボンである　cheapskate＝ケチ
EXCUSE ME for being a cheapskate! ＝ケチで悪かったな！

## demandの盲点

# ビジネスでdemandを使って取引停止に陥ったケースも！

### 例文を比較してみましょう

**We demand payment by March 31st.**
3月31日までに支払ってもらわないと困る！

VS

**We'd like to ask for payment by March 31st.**
支払いは3月31日までにお願いします。

### ポイント解説

demandは「(人に) 要求する」とか「請求する」で学ばれたことと思います。

ところが、ビジネスでお金の支払いに関することや問題の解決等でdemandを用いたとします。すると話し手の怒りや忍耐がすでに限界にきており、相手に対して行動をすぐに起こすように求めるので、demandは脅迫的なニュアンスが強くなるのです。

ちなみに、We（またはI）demand...を用いたために、取引先がカンカンに怒り、取引停止になったという話もありますので、使うのは避けましょう。demand

| この言い方はやめましょう | こう言いましょう |
|---|---|
| **I demand that you take care of this problem！**<br>この問題に対処してください！ | **I'd like you to take care of this problem.**<br>この問題に対処していただきたい。 |
| **By when do you demand payment?**<br>支払わないと困るのはいつまでですか？ | **By when would you like us to pay?**<br>いつまでに支払えばいいのですか？ |

に代わるものとしては、would like to 動詞...の「相手に…してもらいたい」を用います。demand に関する例文については100ページに比較形式で挙げておきましたので、参考にしてください。

「要求する」の類語としては他にclaimやrequireもありますが、demandは前述したように、強制的、脅迫的なニュアンスが強いのに対して、claimは当然の権利として要求する、requireはある基準に基づいて要求するといった違いがあります。

> We demand payment by March 31st.

## takeの誤用

# take は「盗む」を意味する場合がある

### 例文を比較してみましょう

**Who took my stapler?**
誰が私のホチキスを盗ったの？

VS

**Has anyone seen my stapler?**
私のホチキスを見た人はいませんか？

### ポイント解説

takeにはいろいろな意味がありますが、時として「盗む」を意味する場合があります。例えば、Did you take something from me? は「私のものを何か盗んだでしょう」の意味になります。

冒頭のように会社でWho took my stapler? と言うと、ネイティブにはWho stole my stapler?「誰が私のホチキスを盗んだの？」と言っていると同じことになります。紛失した時に尋ねるのであれば、Has anyone seen my stapler? というようにHas anyone seen my...(物)で覚えておきましょう。

また、上記に関連した他の便利な表現としては、以下のようなものがあります。

### 便利な表現

**Does anyone know where the map's at?**
地図はどこにあるか誰か分かりますか？

**Where did my pen go?**
私のペンはどこにあったっけ？

Who took my stapler?

怒り編

単語

## satisfactoryの盲点

# satisfactoryの評価順位は意外にも下位！

**例文を比較してみましょう**

It's **satisfactory**.
まあ、普通かな。

VS

It's **not bad**.
悪くない。

### ポイント解説

satisfactoryは「満足」で学習されていると思いますが、評価で使われるとなると、どの順番になるのかしっかりと理解できていますか？「badやgood、greatなど、いい悪いはある程度分かるけど、satisfactoryとかが入ってくると分からない」という方が多いのではないでしょうか。

ここでは、評価で使われる主な形容詞7つを、abc順に並べてみました。

### bad, exceptional, good, great , poor, satisfactory, very good

これを評価のいい順番に並べると、satisfactoryは何番目になるのかお分かりになりますか。実はsatisfactoryはもっと否定的な意味が強く、評価の高い順に並べていくと、以下のようになるのです。

**exceptional**　評価／高い
**great**
**very good**
**good**
**satisfactory**
**poor**
**bad**　評価／低い

satisfactoryは104ページにあるように、「悪い」方に近い意味になってしまいますので、評価でsatisfactoryを使う際にはくれぐれも気をつけてください。

### 【例】 This is just satisfactory. Can't you do better?
及第点ぎりぎりかな。もっと上手くできませんか？

### Her work is satisfactory, so maybe I won't fire her.
彼女の仕事はまあまあ（及第点）だったので、クビにするつもりはありません。

＊fire…解雇する、クビにする

It's satisfactory.

## satisfiedの誤用

# 過ちを犯した相手に対して使う satisfied

**例文を比較してみましょう**

**Are you satisfied now?**
これで満足した
(これで気が済んだ?)!?

VS

**Are you okay now?**
満足していただけましたか?

### ポイント解説

satisfied はbe satisfied with... 「…に満足している」ところから、「満足する」と思い込みがちです。そして、相手に対して「満足していますか?」と尋ねる際に、Are you satisfied now?と話すと、どうなるのでしょうか。

それは「満足しているか」の訳ではありますが、過ちを犯した相手に皮肉を込めたニュアンス「これで満足した(これで気が済んだ?)!?」になっており、状況次第では相手が怒り出すかもしれません。

そんな時には、Are you okay now? やIs everything okay now?「満足していただけましたか?」と言います。また、下記のような言い方があるので、抑えておくといいでしょう。

**便利な表現**

**Do you like the results?**
その結果には満足していますか?

**What do you think?**
どう思いますか?

**Do you think it'll be okay?**
大丈夫だと思いますか?

Are you satisfied now?

怒り編

単語

## be required to の誤用

# やや脅迫を感じさせる
# be required to

### 例文を比較してみましょう

**You are required to sign each page of the contract.**
各ページにサインしなければダメだ。

VS

**You need to sign each page of the contract.**
各ページにサインしてください。

### ポイント解説

You are required to... は法律について話しているようなニュアンスがあり、「…をそうしないとダメです」とやや脅迫的なものを感じさせます。同じ必要性を表現するのでも、You need to...「状況が…をさせている」を用いると、相手を納得させるような言い方になります。

ただし、be required to... を用いてもいい例外ケースがあります。それは、You are required to pay taxes.「税金は支払うべきです」で、この場合は You need to pay taxes. に置き換えても問題はありません。need to... を使った他の例文も見てみましょう。

【例】 **You need to be here by 10:00.**
10時までにここに来てください。

**You need to finish as soon as possible.**
なるべく早く終えるようにしてください。

**We need to make sure there are no mistakes.**
ミスがないことを確認してください。

You are required to sign each page of the contract.

怒り編

イディオム

## cope withの誤用

# ネイティブが使うcope withは
# イライラしている時

### 例文を比較してみましょう

**How can we cope with your requirements?**
あなたの要求に我々は
どうやって我慢しろって言うの!?

VS

**How can we meet your requirements?**
どうしたらあなたの要求に
応えられるのでしょうか?
(meet requirements=要求に応える)

### ポイント解説

cope withには「うまく対処・対応している」という意味で、我慢するというニュアンスがあります。そんなことから、日本人はcope withのイディオムをポジティブな意味にとらえているようです。しかし、ネイティブにはとても奇妙に感じるのです。ネイティブが使うほとんどの場合、何かについて文句を言ってイライラしている時と考えてください。

【例】 **I can't cope with this noise !**
この騒音には耐えられない!

**How can I cope with his stupidity !?**
彼の無知をどうやって我慢しろって言うの!?

もし「環境を良くする」「環境を助ける必要がある」を伝えたい時にWe need to cope with the environment. と言うと、「環境を我慢しないといけない」という不思議な日本語になってしまいます。これを正すと、We need to help the environment. になります。cope withの使い方や状況について述べられている単語の意味を正しく理解するように心掛けましょう。

怒り編　イディオム

怒り編 イディオム

I can't cope with this noise!

How can I cope with his stupidity!?

## had better (not)の誤用

# maybeを文頭に入れるだけで丁寧な依頼や提案に変わる!!

**例文を比較してみましょう**

| You'd better not be late. | VS | Maybe you'd better not be late. |
|---|---|---|
| 遅れるんじゃない! | | 遅れないようにした方がいい。 |

### ポイント解説

You'd better (not) …は「…する (しない) 方がいい」というように、話し手の意向が強く、時には強制や命令を受けていると思われる大変きつい言葉です。例えば、You'd better not touch my computer or I'll hit you. を直訳すると、「コンピュータに触らない方がいいよ。さもなければあなたを殴るよ」となり、つまり「僕のコンピューターに触ったら、殴るぞ!」となるのです。

この表現パターンは、上司が部下に対して使うことはできますが、年上や目上の人に対しては使わないように気をつけましょう。

一方、下記のように、文頭にmaybeをつけて、Maybe you'd better…とすると、より丁寧な依頼や提案になります。

【例】 **Maybe you'd better not ignore his message.**
彼の伝言を無視しない方がいい。

**Maybe you'd better not stay up late.**
夜更かしをしない方がいい。

**Maybe you'd better not come early today.**
今日は早く来ない方がいい。

**Maybe you'd better not miss the meeting.**
会議に遅れない方がいい。

ただし、明らかな依頼や提案の場合で、You'd better... のパターンのようにMaybeを用いなくてもいいことがありますので、抑えておきましょう。

【例】 **You'd better go to the hospital.**
病院へ行った方がいい。

**You'd better lock the door.**
ドアにカギをかけた方がいい。

Maybe you'd better not be late.

# in any caseの誤用

# ネガティブの意味が強いIn any case

### 例文を比較してみましょう

**In any case, I'm busy today.**
（あなたが言っていることは）どうだっていい、私こそ今日、忙しいのよ。

VS

**Well, I'm busy today.**
とにかく、今日、仕事が忙しいの。

### ポイント解説

辞書にin any caseは「とにかく」の意味があると思います。しかし、ネイティブにとってはネガティブの意味が強く「それはどうでもいい」というように思ってしまうのです。自分が何かを言おうとして文頭に持ってくるのであれば、問題はないかもしれませんが、相手が話した後にin any caseを使って切り返すと、相手を怒らせたり、不快感を与えてしまうことがあるので気をつけてください。

【例】 **I have two meetings and a big deadline. In any case, I can't do this today.**
会議が2件と締め切りがあるんだ。どうだっていいけど今日は忙しいんだよ。

ご覧のように、このフレーズを正しく使うのは難しいため、代わりにwell「うーん」「そうだな」「とにかく」を使ってみるといいでしょう。

【例】 **Well, I'm a little busy today.**
とにかく、今日はちょっと忙しいの。

**Well, I already made plans for lunch today.**
とにかく、今日はもうランチの予定を入れてしまいました。

In any case,
I'm busy today.

怒り編

イディオム

## COLUMN ❸

# アメリカでは公衆の面前で泥酔することははしたない

　仕事帰りに酒を飲んで酔っ払い、駅前にたむろしているビジネスパーソンの姿をよく見かけます。もし日本に初めて来たアメリカ人がこの光景を目の当たりにすると、アメリカと日本の大きな文化の違いにとまどい、驚きあきれる方もいるでしょう。

　これは社会の安全性の違いによるのかもしれませんが、アメリカの路上で普通の人が酔っ払っているのを見かけることはほとんどありません。というのも路上で酔いつぶれると、危険な目に遭う可能性が非常に高いからです。

　また、公衆の面前で泥酔することは、アメリカでははしたないことと考えられており、アルコール依存症だというレッテルを貼られてしまうのです。

　例えば、そのような人物を評する時に英語では He drinks. と表現します。これは単純に「彼はお酒を飲む」という意味ではなく、「あいつは飲んだくれだ」といった意味で使われる言葉なのです。ちなみに「彼はお酒を飲むのが好きだ」と言うには He likes to drink now and then. といった表現を使います。

　何はともあれ、日本に来たばかりの頃、酔いつぶれたビジネスパーソンを見て、とても奇妙に思えたものです。

# その他

冠詞のaとtheの違い、They areと短縮形のThey'reの違い、名詞の単数形と複数形の違いなどについて、英会話を始める際はあまり重要視されてこなかった方もいることと思います。というのも、細かいことは気にせず、とにかく話すということも会話力を伸ばす1つの方法だからです。

しかしビジネスの場面では、後々困ることが出てくるでしょう。

似ている単語の選び方、後に続く前置詞の置き方等々——。細かいことかもしれませんが、日本人がよくミスしがちな表現、ちょっとしたニュアンスの違い等をきちんと理解し、使いこなせるようにしておくことがビジネスでは何よりも重要であるのは言うまでもありません。

本編では勘違い編、失礼編、怒り編で分類できなかったものについて取り上げました。

問題

テストの結果を尋ねたい時、
正しい英語は次のどれでしょうか？

❶ Did you get the test results?

❷ Did you get the test result?

❸ Did you get a test result?

正解は次ページ

resultの
単数形と複数形の区別
できるかな？

# 正解は ❶

> **ポイント解説**

順に訳をみてみましょう。

### ❶ Did you get the test results?
結果がきましたか?

### ❷ Did you get the test result?
その一数字の結果がきましたか?

### ❸ Did you get a test result?
テストの成果がありましたか?

**テストの結果のresultは複数形になる!!**

　result とresults の意味は大きく変わりませんが、Did you get the test result? はネイティブはあまり使いません。テストの科目数が1科目でも、それ以上でも通常はresultsを使います。

　ちなみに単数形のresultとなる場合は、「成り行き」「成果」「結末」の意味の時です。「試験結果は合格でした」のような場合も「成果」「結末」という意味なので単数扱いになります。

　複数形のresultsとなる場合は「成績」を表す意味の時です。したがって、「テストの結果」はtest results、「成績は良かった」はgood resultsとなるのです。

### 【例】 I got the test results and my score was 89.
テストの成績(結果)は89点でした。

この他に、論理的には**単数なのに複数扱いとしてよく使われる名詞**がありま

す。ビジネスに関するもので代表的なものをあげると、reservationがあります。例えば、I'd like to make a reservation for one person for one night. の場合、reservationは単数でも問題ありませんが、ネイティブは複数で使う場合が多いのです。

　同様の理由でいうなら、planもそうです。What is your plan for tomorrow? はネイティブにはピンとこない英文です。「あなたの計画表は何ですか?」と一瞬、訳がわからない英語として聞こえるからです。この場合はWhat are your plans for tomorrow? で「明日の予定は?」と使います。

　なお、「結果」という同じ意味の単語として、①consequence, ②implication, ③outcome があります。それぞれの特徴をあげておきましょう。

①consequence はネガティブで自然な行動の結果（例:He suffered from the consequences of his stupid decision.「彼の愚かな決定に悩まされた」）

②implication は複雑な結果、または悪い結果（例:She couldn't foresee the implications of her decision.「彼女は決定の含意を予見することができなかった」）

③outcomeは良い・悪い結果どちらにも使えますが、outcomeはresultよりも強意的で、結果を期待・予測したりする場合（例:I predicted the outcome of his decision.「私は彼の結論を予測した」）

「結果」を表す言葉でもこんなに違いがあるので、気をつけて使いましょう。

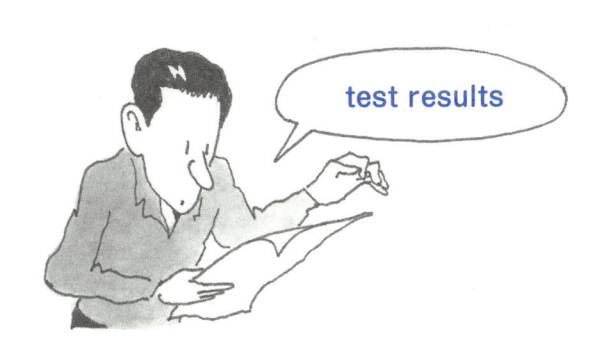

test results

# be動詞の用法

# be動詞を略さずに言うと自己主張が強い!!

### 例文を比較してみましょう

| I heard they are coming.<br>彼らが来ると聞いた。 | VS | I heard they're coming.<br>私は彼らが来ると聞いた。 |

### ポイント解説

多くの日本人がthey areがフォーマルでthey're はインフォーマルと考えているようです。しかし、ネイティブはbe動詞が来る場合、この2つを使い分けています。もし they are…, you are…, I am…, this is… などと略さずに言うと、「彼らは(あなたは、私は、これは)、…だ!」と相手に自己主張が強いと思われているように聞こえます。自己主張を弱めるのであれば省略形を使いましょう。

| 強い ← 自己主張 → 弱い | |
|---|---|
| **I am not going to the meeting.**<br>絶対に会議には出席しません。 | **I'm not going to the meeting.**<br>私は会議には出席しません。 |
| **You are an hour late.**<br>1時間も遅れている。 | **You're an hour late.**<br>あなたは1時間遅れです。 |

## couldとwas able toの違い

# couldは通常の過去形の意味よりも仮定法の意味で使われる方が多い

### 例文を比較してみましょう

**I could go.**
行くことができるとしたら
（でも実際には行かないだろう）。

VS

**I was able to go.**
行くことができました。

### ポイント解説

couldもwas able toも過去の可能性を表しているということに違いはありません。ところが、ネイティブのほとんどはI could go.を「行った」ではなく「行くことができるとしたら」という仮定法の表現として使っているのです。そして「行くことができるとしたら」の後は「でも実際には行かないだろう」という否定の意味が含まれていることに気をつけましょう。

【例】 **I could do it.**
私だったらできるだろう（でも実際には他の人ではできないだろう）。

**I could fix that problem.**
私だったらその問題を解決できるだろう
（でも実際には他の人では解決できないだろう）。

したがって実現できたと明確に伝えるのであればwas able toの方を用いてI was able to have a good time.「楽しい時間を過ごすことができました」のように使います。

## 現在完了形と過去形の違い

# むやみに現在完了形を用いない!

### 例文を比較してみましょう

**The talks have ended this morning.**
商談は今朝、終わったことがある。

VS

**The talks ended this morning.**
商談は今朝、終わった。

### ポイント解説

The talks have ended this morning. は文法的に問題があります。ネイティブがThe talks have + 過去分詞まで聞くと「商談は…をしたことがある」という意味を予測してしまいます。

しかし、その後にended this morningと続くと予想外の結末になり、ネイティブには「商談は今朝、終わったことがある」と訳のわからない文章に聞こえてしまいます。

もしcollapse「決裂した」を意味するのであれば、The talks have collapsed three times.「商談は3回目に決裂してしまった」のように表現できます。「商談は今朝、終わった」と言いたいのであればThe talks ended this morning. とシンプルに表現しましょう。

**I have met her before.**
以前、彼女と会ったことがあります。

**I met her yesterday.**
昨日、彼女と会った。

しかし、現在完了進行形の場合にはもちろんhave been 動詞ing パターンを用います。

**I have been working there for 12 years.**
これまで12年間そこで働いてきました。

**I worked there for 12 years.**
そこで12年間働きました。

**The talks ended this morning.**

# I want to...とI'd like to...の違い

## I want to…よりも
## I'd like to…を好む理由は…

**例文を比較してみましょう**

| I want to receive it by Friday. | VS | I'd like to receive it by Friday. |
|---|---|---|
| 金曜日までに受け取りたい。 | | 金曜日までに受け取りたいのですが…。 |

**ポイント解説**

誰かに何かをしてもらいたい場合や、実現可能な願望を表す場合には、I want to 動詞…または、I want you to 動詞…（94ページ参照）が使われます。人に依頼する場合は94ページで触れたので、ここでは実現可能な願望を取り上げることにします。

左の例文のように、want to 動詞を用いると直接的に感じます。そこで、ネイティブは表現を和らげるために、婉曲的で丁寧な依頼方法のwould like to 動詞を用いるのです。双方を比較した他の例文をみてみましょう。

| I want to order three desks. | I'd like to order three desks. |
|---|---|
| 机を3つ注文したい。 | 机を3つ注文したいのですが…。 |
| I want to send this package by express. | I'd like to send this package by express. |
| この小包を速達にしたい。 | この小包を速達にしていただきたいのですが…。 |

その他

語法・用法

# don't think about と be not thinking about の違い

# 婉曲的に断る言い方

### 例文を比較してみましょう

**We don't think about hiring.**
従業員を雇う場合は
何も考えずに行ってしまう。

vs

**We're not thinking about hiring.**
従業員を増やすことは
考えていない。

### ポイント解説

We don't think about... はあまり聞きなれない英語の表現ですが、「…について考えずに(行動)してしまう」という意味になります。

【例】 **We don't think about the risks.
That's why we always fail.**
私たちはリスクを考えずに行動してしまう。
だから私たちはいつも失敗するのだ。

「…を考えていない」ということを表現したいのならWe're not thinking about hiring. や We're not planning to hire. を使いましょう。

## othersとrestの違い

# othersを用いた場合、「残りもの全部」をさすのか？

**例文を比較してみましょう**

| Others were sent today. | VS | The rest were sent today. |
|---|---|---|
| 他のものは今日送った。 | | その他の残り（の商品）は今日送った。 |

**ポイント解説**

othersには「他のもの」などいろいろな意味がありますが、ネイティブには「他 のいくつか」のイメージが強いようです。したがって、Others were sent today. では「残りのものは今日送った」というのではなく「他のいくつかの商品は今日送った」という意味になってしまいます。

もし「その他の残り（の商品）は今日送った」と言いたい場合は冒頭のようなThe rest were sent today. が分かりやすいのです。

【例】 **The rest of the books were sent today.**
残りの本は今日送った。

**Let's do the rest tomorrow.**
明日、その他の残りをやりましょう。

# half of に続く冠詞 the の有無の違い

# the をつけないととんでもない意味に…

### 例文を比較してみましょう

**Half of people agree.**
人間の体の半分しか同意しない。

VS

**Half of the people agree.**
半分の人しか同意しない。

### ポイント解説

half of people は「人間の体の半分」という意味になります。例えば、Half of Bill is sunburned. は「ビルの体の半分が日焼けしている」となります。Half of the…「半分の…」、all of the…「すべて…」と言いたい時は必ず the をつけるのを忘れないようにしましょう。

【例】 **Half of our employees are Japanese.**
従業員の半数が日本人です。

**Half of the manufacturers are interested.**
メーカーの半数が興味を持っています。

Half of people agree.

その他

語法・用法

## eatの誤用

# 何気なく「食べられるものはない?」って言ってないか?

### 例文を比較してみましょう

**Is there anything you can't eat?**
食べられないものは何かありますか？

VS

**Is there anything you avoid?**
避けたい食べ物は何かありますか？

### ポイント解説

can't eatでは「食べたいけど、食べることを許されていない」というように聞こえてしまいます。Is there anything you can't drink? でも同様です。相手を気遣うのであれば、Is there anything you avoid?「避けたい食べ物は何かありますか？」と言いましょう。

また、外国からのお客様にCan't you eat sushi?「なんでお寿司が食べれないの？」と言えば、こちらがイライラしているように聞こえてしまいます。ですからCan't you eat... の言い方は避け、シンプルにDo you eat sushi? と言えば大丈夫です。上記に関連する例文を抑えておきましょう。

### 便利な表現

**Are there any foods you don't care for?**
嫌いな食べ物は何かありますか？

**Are there any drinks you don't like?**
嫌いな飲み物は何かありますか？

＊最初の例文のcare forと2つ目の例文のlikeはどちらも「好む」の意味ですが、care forは通常、疑問文や否定文で使われます。

**Are there any foods you don't eat?**
体に合わない食べ物は何かありますか？

## exportの使い方

# 同一文章内でexportとoverseas両方を用いると誤りになる!!

**例文を比較してみましょう**

**We export most of our parts overseas.**
弊社は部品ほとんどの輸出品を輸出している。

VS

**We export most of our parts.**
弊社は部品のほとんどを輸出している。

**ポイント解説**

「海外に輸出する」を英語で言うとexport parts overseasと考える方もいらっしゃるのではないでしょうか。実は、これはexport「輸出する」とoverseas「海外への」が重複な言い方になります。ですから、一緒には使わず、I went overseas.「海外に出かけた」のように言うので注意しましょう。

反対に、輸入する場合も同様です。We import imported parts.「我々は輸入品を輸入している」もおかしな表現です。We import parts. が正しい言い方になります。

We export most of our parts overseas.

## graspとunderstandの違い

# graspは正確に把握できない意味が隠されている

### 例文を比較してみましょう

**We grasp our clients' needs.**
お客様のニーズを何となく分かっている。

VS

**We understand our clients' needs.**
お客様のニーズを把握している。

### ポイント解説

辞書を引くと「把握」はgraspと表されていますが、実はgraspという単語は問題点などを確認したいけれど、正確には把握できないというニュアンスを含んでいます。

一方、understandは「正確に理解する」「きちんと把握している」という意味があるので、この場合は、こちらを使うのがいいのです。

【例】 **We didn't grasp how serious the problem was.**
私たちはその問題がどのくらい重要であるかを
何となくしか把握していなかった。

**We haven't been able to grasp the number of defects.**
私たちは欠陥の数を把握することができませんでした。

この他に、understandの同意語としてはいくつかあります。ここではスペースに限りがありますので、comprehendとgetを取り上げてみましょう。

①comprehendはgraspの意味に近く、**複雑なことを把握する場合**(例:It's not easy to comprehend how derivatives work.「金融派生商品がどのように機能しているのかを理解するのは容易ではない」)

②getは「理解する」の意味があるが、スラングに近い場合（例:I got it.「分かった」とかDo you get it?「分かった?」）

「理解する」「把握する」を表す言葉でも、単語1つでこんな違いがあるので、留意してください。

We grasp our clients' needs.

# introduceとreferの違い

# 人からの紹介で連絡する場合はintroduceではなくreferを用いる

**例文を比較してみましょう**

**He introduced me to you.**
彼が私をあなたに紹介した。

VS

**He referred me to you.**
彼からの紹介でご連絡しました。

### ポイント解説

日本語の「紹介する」はいろいろな場合に使える便利な言葉ですが、英語のintroduceはそれほどではありません。例えば、人を紹介する場合（A introduces B to C）では手紙、メールなどの状況のイメージがなく、実際に3人が集まる状況で使うことになります。

【例】 **Let me introduce you to my supervisor.**
あなたを私の上司に紹介します。

**Thank you for introducing me to Mary at the seminar.**
セミナーでメアリーに私を紹介していただき、ありがとうございました。

誰かからの紹介を受けて、その人に連絡するなどのような状況の時にはreferを用いて、refer 人 to 名詞 のパターンで表現します。

He referred me to you. を直訳すれば「彼は私をあなたに紹介してくれた」ですが、ネイティブは決まり文句として「彼からの紹介でご連絡しました」という訳をします。辞書によっては、例文がこのような訳で掲載されていなくてとまどうかもしれませんが、introduce と refer の違いを抑えておきましょう。

He introduced me to you.

## learnとlearn aboutの各盲点

# 「…について知りたい」という謙虚な言い方は？

### 例文を比較してみましょう

**We'd like to learn your methods.**
あなたのやり方を完全に身につけたい。

VS

**We'd like to learn about your methods.**
あなたのやり方について知りたい。

### ポイント解説

learn も learn about の意味も「…から学ぶ」として学習されたためか、同じ意味としてとらえる方も少なくありません。ところが、ネイティブにとって、learnは「マスターする」「完全に身につける」、learn aboutは「学ぶというよりは少しだけ知りたい（ただし、理解するという意味はない）」の意味で使い分けをしているのです。

そこで、We'd like to learn your methods. と言ってしまうと、「あなたのやり方を私も身につけたい」、つまりビジネスシーンでは、相手の競争相手になるかもしれないというようにも聞こえるようです。

したがって、learnにaboutがあるかないかで、こんな大きな違いがあるので、気をつけましょう。

【例】 **We learned about their accounting procedures.**
私は彼らの会計手順を学びました。

**We've learned a lot about your products.**
私たちは御社の商品から大いに学びました。

# recommend to 不定詞と recommend 動名詞の違い

## 人に勧める場合は recommend 動名詞を使う

### 例文を比較してみましょう

**He recommended to have a party.**
彼はパーティーを開くために何かを勧めた。

VS

**He recommended having a party.**
彼はパーティーを開くことを勧めた。

### ポイント解説

toの使い方は実に難しく、He went to the meeting. のように「…に」という動作の役割をするものとHe went to see the new model. のように「…をするために」という目的の役割をするもの、It isn't too difficult for me to solve the problem. のように「…をすること」という名詞的用法などがあります。

しかし、上記の例文He recommended to have a party. のtoは「…をするために」の意味になるので、「パーティーを開くために何かを薦めた」に聞こえてしまうのです。recommendの場合、recommend 人＋to 動詞なら「人に…するように勧める」となりますが、人を表すものがありません。そこでrecommend 動名詞で「…をすることを勧める」となるわけです。

【例】 **He recommended reading this book.**
彼はこの本を読むことを勧めた。

**I recommend having the meeting on Friday.**
金曜日に会議を行うことを勧めます。

**I recommend taking a bus to the conference.**
会場へはバスで行くことを勧めます。

＊会場はconference roomの言い方もありますが、ビル内の特定の部屋をさします。

# try to 動詞と try 目的語の違い

# try＋目的語はただ試したいだけのニュアンス?

### 例文を比較してみましょう

**Let's try to go to that new restaurant.**
その新しいレストランに行ってみよう
(行くことが難しいかもしれないけど…)。

VS

**Let's try that new restaurant.**
その新しいレストランに行ってみよう。

### ポイント解説

「行ってみる」を英語でtry to goと訳したいのはよく分かります。しかし、これは「行ってどうなのか試してみる」という意味ではありません。遠かったり時間がなかったりなどの状況の中で「行くことが困難で無理かもしれないが、頑張って行ってみましょう」となり、努力が必要というニュアンスが含まれてしまいます。

【例】 **Let's try to finish on time.**
時間内に終わらせよう(終えるのは難しいかもしれないけど…)。

**Let's try to see 15 clients today.**
今日は15人のクライアントに会おう
(15人も会うのは難しいかもしれないけど…)。

したがって「ただ試したいだけ」のLet's try that new restaurant. の方がいいのです。

【例】 **Let's try this method.**
このメソッドを使ってみよう。

**Let's try this copy machine.**
このコピー機を使ってみましょう。

Let's try to go to that new restaurant.

## interestingの誤用

# interestingとinterestedの区別はできるか？

### 例文を比較してみましょう

**I'm interesting.**
私って面白い。

VS

**I'm interested.**
私は興味があるな。

### ポイント解説

I'm interesting. は「私は興味がある」という意味ではなく「私は面白い人です」という文になり、相手もびっくりしてしまいます。「私は興味があります」にしたければI'm interested. と言わなければなりません。

同様の理由でI'm bored. は「退屈です」ですが、I'm boring. なら「私は退屈な人です」の意味になり、相手もリアクションに困ってしまいます。

I'm boring. だと、退屈するのは自分ではなく他人です。英語を教えていると、「退屈だ」という時、多くの生徒さんがI'm boring. と言っています。確かに「退屈」に違いはありませんが、これだと退屈なのは自分、つまり「私は退屈な人間だ」という意味になります。ネイティブはYou're boring.「あなたって退屈な人ね」と言うことはあっても、I'm boring. とは言いません。

「私は退屈している」と言う時は、I'm bored. となります。boredは過去分詞（動詞の語形が変化して形容詞のように使う）で、「退屈している状態」を表します。使いどころを間違えないようにしましょう。他の例もみてみましょう。

| **I'm tiring.** | **I'm tired.** |
| --- | --- |
| 私は他人を疲れさせる人間です。 | 疲れた。 |

I'm interesting.

## evaluateに伴う形容詞や副詞の使い方

# evaluateに伴う形容詞や副詞を入れないと評価が抽象的で分かりにくくなる!

### 例文を比較してみましょう

| It was evaluated. | VS | It was highly evaluated. |
|---|---|---|
| （良いのか悪いのか分からないけど）評価をされた。 | | 高く評価されました |

### ポイント解説

日本語では「…が評価された」というのは常に「…が高く評価された」というニュアンスを含んでいるようですが、英語では It was evaluated. という文では評価されたものの、その結果が良いのか悪いのか分からない文に聞こえてしまうのです。

【例】 **The quality was evaluated by an outside agency.**
その品質は政府機関によって評価されました。

**My boss is evaluating my proposal now.**
私の上司は私の提案を評価しているところです。

したがって、形容詞や副詞のhigh, highly, poor, poorlyなどを使って評価がいいのか、悪いのかを伝えるように心がけましょう。

【例】 **The quality received a high evaluation.**
その品質は高い評価を得た。

**My proposal was poorly evaluated.**
私の提案はあまり評価されなかった。

## appointment と schedule の違い

# 人と会う約束時間の確保に使われる schedule は正しいか?

**例文を比較してみましょう**

**I don't have a schedule today.**
今日は予定表を持っていない。

VS

**I don't have any appointments today.**
今日は予定がありません。

### ポイント解説

日々、仕事をしていると、クライアントやお客様からの都合を聞かれ、予定がないことを伝えたい時、あなたはどう言いますか? もしI don't have a schedule today. と言った場合のscheduleは、「予定がない」の意味ではありますが、ネイティブからみたscheduleは「日程を書き込む予定表がない」の感覚でとらえているのです。このような場合は、人と会う約束時間の確保のために使われるappointment(s)を用います。

使い分けが難しいかもしれませんが、抑えておきましょう。以下、関連表現を入れましたので、活用してみてください。

### 便利な表現

**I can arrange my schedule around yours today.**
今日はあなたの予定に合わせられます。

**Anytime today is fine.**
今日は何時でも大丈夫です。

## experienceの単数形と複数形の違い

# 単数系experienceは経験で得た知識、複数形experiencesは経験談!!

**例文を比較してみましょう**

| I have a lot of experiences. | VS | I have a lot of experience. |
|---|---|---|
| いろんな経験をしている。 | | 経験が豊富です。 |

**ポイント解説**

「経験」を表すexperienceには「数えられる場合」と「数えられない場合」があるということはご存知ですか？ experienceを複数形experiencesにして冒頭のような表現にすると、「いろんな経験を積んできた話を聞かせてください」、あるいは冒険旅行をしてきた人などに、「あなたのいろいろな経験談をぜひ聞かせてください」とせがむ感じになります。「仕事の経験」とは無関係の表現になってしまうので注意しましょう。

会社の面接でもよく使われるTell me about your experience.「あなたの経験を教えてください」という場合のexperienceは、「経験」をある1つのまとまりとして扱うので、「数えられない名詞」になります。

【例】 **I had a lot of experiences in China.**
私は中国でいろんな経験をしました。

**I have a lot of experiences in dealing with Chinese.**
私は中国語を扱った経験が豊富です。

I had a lot of experiences in China.

## remainsの誤用

# the remains として使われると…

**例文を比較してみましょう**

**I'll send the remains to you.**
死体をお送りします。

VS

**I'll send the rest of the remaining data to you.**
残りのデータをお送りします。

### ポイント解説

remain は「残る」という意味です。これが名詞の時は the remains というように複数扱いで使われ、死体や遺骸、化石などの意味になります。

【例】 **His remains were taken to England.**
彼の死体はイギリスへと運ばれた。

remain を「残りの…」と表現したい時は remaining を用います。他の例もみてみましょう。

【例】 **We can do the rest of the remaining work tomorrow.**
明日、残りの仕事をします。

**We deliver the rest of the remaining parts tomorrow.**
明日、残りの部品をお届けします。

**I received the rest of the remaining data this morning.**
今朝、残りのデータを受け取りました。

I'll send the remains to you.

その他

単語

## staffの誤用

# staffは「従業員1人ひとり」の意味ではない！

### 例文を比較してみましょう

**We have two new staffs.**
新しい2本の杖を持っている。

VS

**We have two new employees.**
新しい従業員が2名入りました。

### ポイント解説

staffには主に2つの意味があり、1つは「スタッフ」、もう1つは「杖」や「こん棒」です。日本人がよく使うスタッフは社員1人ひとりの意味ではなく、社員全体を表していることに気をつけましょう。

【例】 **I have a big staff.**
私にはスタッフ（部下）がたくさんいます。

**Everyone on my staff is well-trained.**
わがスタッフ（部下）は皆よく訓練されています。

1人、2人のように各スタッフをさす場合は、member of (my) staff か employee(s) を使います。

【例】 **He's the newest member of my staff.**
彼がわが社で一番新しいスタッフ（部下）です。

**How many people are there on your staff?**
あなたのスタッフ（部下）は何名いますか？

We have two new staffs.

# go drinkingの誤用

# お酒の誘いに go drinking はタブー！

### 例文を比較してみましょう

**After work, let's go drinking.**
仕事が終わったら徹底的に飲もう
(へべれけになるくらい飲みましょう)。

vs

**After work, let's get a drink.**
仕事が終わったら、一杯やりましょう。

### ポイント解説

go drinking は「飲みに行って酔っ払う」ことを意味します。Let's go drinking. と言うと、酔っ払うことが第一の目的のように聞こえてしまいます。飲みながら会話を楽しむことが目的で誘う場合は、Let's get a drink. と言いましょう (なお、怒り編の99ページのマンガで出てきたLet's go get a drink. も Let's get a drink. も意味はほぼ同じです)。

アメリカでの飲酒は多くの人に悪いニュアンスを与えてしまいます。その理由は、宗教上の理由または運転をするうえで深刻な問題を引き起こす可能性があるからです。外国人の同僚にお酒を誘う時も気をつけましょう。

もし Do you drink? と言うと「アル中ですか?」と尋ねていることになります。そんな時は以下のように尋ねましょう。

【例】 **Do you like to have a drink now and then?**
たまにお酒を飲むのは好きですか?

## make sureの使い方

# 「必ず…を確認する」なら make sure（that節）... を用いる

**例文を比較してみましょう**

**Make sure the flight time.**
飛行機の出発時刻を決めてください。

vs

**Make sure that's the right flight time.**
飛行機の出発時刻を必ず確認してください。

### ポイント解説

左のMake sure the flight time. のmake sure目的語の言い方は誤りです。それを正すなら、make sure ...of ...か、make sure（that節）...の言い方になります。両者は意味が異なります。前者のmake sure ...of ...は「…を…だと確かめる」という事実確認のような感じになりますが、後者のmake sure（that節）...は、「必ず…をする」「必ず…を確かめる」となるのです。この場合は「必ず確認をする」方の意味ですので、make sure（that節）...を用います。

【例】 **Make sure that he knows the meeting time.**
彼が会議の時間を知っているかを必ず確認してください。

**Make sure that we have enough copies.**
コピーが充分に足りているかを必ず確認してください。

またMake sure that節...の他にcheckもよく使います。

【例】 **Could you check on the flight time?**
飛行機の出発時刻を確認していただけないでしょうか?

**Would you check to see if he's planning to come?**
彼がいつ来る予定か確認してくれますか?

# participate inとgo toの違い

# participate inに隠された意味とは…

### 例文を比較してみましょう

| I participated in a seminar.<br>セミナーで話をした。 | **VS** | I went to a seminar.<br>セミナーに参加した。 |

### ポイント解説

「…に参加する」というと、participate in [＝take part in] を用いると思います。ですから、「セミナーに参加する」はparticipate in a seminar と思う人が少なくありません。ところが、ネイティブはとらえ方が違います。participate inはただ聞きに行くのではなく、みんなの前に立って何かをするというニュアンスが強いのです（この点について、辞書では触れていないものが多いと思います）。

【例】 **I participated in a seminar on financing.**
金融セミナーで話をしました。

もし、普通に聞きに行くと言うならI went to a seminar. またはI attended a seminar. を使います。そして「…のセミナーに参加した」と表現したいのであれば、went to a seminar on ... を用いましょう。

【例】 **I went to a seminar on risk control.**
リスク管理に関するセミナーに参加した。

**I attended a seminar on financial planning.**
ファイナンシャル・プランニングに関するセミナーに参加した。

## pick outとpick upの違い

# 「選ぶ」はpick upよりもpick out

### 例文を比較してみましょう

**We picked up a new logo.**
（地面に落ちた）新しいロゴを拾った。

vs

**We picked out a new logo.**
新しいロゴを選んだ。

### ポイント解説

日本人はよく pick up を使いますが、ネイティブは2つの意味を考えます。1つは「選ぶ」という意味ではなく「地面から拾う」「拾い集める」に聞こえてしまうことです。もう1つは「取りに行く」「迎えに行く」の意味として使うことです。

例えば、郵便物で自宅に配達不在票が入っており、郵便局に郵便物を受け取りに行こうとする時、I need to pick up a package from the post office.「郵便局に小包を受け取りに行かなくてはなりません」のように使われます。

しかし、ネイティブは「地面から拾う」または「拾い集める」というイメージを強く持っており、pick outなら「選ぶ」という意味に使います。特に決まった数の中から選ぶ場合に使うことが多いのです。以下、例文を見てみましょう。

【例】 **There are 10 possible logos. We need to pick out one.**
10個の使用可能なロゴがあります。このうちの1つを選ばなければならない。

**He wants to pick out a new suit.**
彼は新しいスーツを選びたい。

**We need to pick out a company uniform.**
私たちは新しい会社の制服を選ばなくてはいけない。

## not...at allの誤用

# be not reallyはソフトに聞こえる働きもある

### 例文を比較してみましょう

**I'm not interested at all.**
まったく興味がない!

VS

**I'm not really interested.**
あまり興味がない。

### ポイント解説

reallyは強調する語句で学習された方が多いと思いますが、この文章のnot reallyは「あまり」の意味になり、ソフトに聞こえることがあります。また、I'm not interested at all. はネイティブには「まったく興味がない!」のように聞こえてしまいます。状況によっては「何で興味がないの?」と聞かれるかもしれないので気をつけましょう。be not reallyを使った他の例文も挙げましたので、活用してみてください。

【例】 **This proposal is not really clear.**
この企画はピンと来ない。

**I'm not really sure what happened.**
何が起こったのかよく分かりません。

**We're not really satisfied with the results.**
結果にはあまり満足していません。

**You're not really working hard on this project.**
あなたはこの仕事をまじめにやっていない。

## COLUMN ❹

# 文字を書くことは日本人よりも
# アメリカ人の方が苦手

　実際の申請書の記入などで留意しておきたい点について述べてみましょう。

　申請書の記入上の大きな違いといえば、日本では○×方式が多いのに対してアメリカでは×だけを用いる方式である点です。つまり、日本で○=「はい」と回答するところをアメリカ人は×印でクロスアウトする方法を採るのです。

　この方法以外にもチェック（✓）を使うこともありますし、イエス／ノーの質問ではアルファベットの Y「イエス」と N「ノー」と印刷されたところを○で囲ませることもあります。例えば、

　　　　Have you ever been arrested?　　Y / N

と印刷されていれば、Y か N のどちらかを○で囲みます。もし、どちらにもあてはまらないときには──（ダッシュ）記号か、または、NA（Not Applicable =あてはまらない）と書き込むのが普通です。

　記入時には、できるだけきれいな文字を心掛けること、大文字ばかりでの記入を避けること、筆記体を避けることなどを覚えておきましょう。

　しかし、美しい文字を書くことは日本人よりもアメリカ人の方が苦手です。実際に日本人の文字とアメリカ人の文字を比べてみると、日本人はとても美しいアルファベットを書きます。アメリカ人として恥しい限りですが、私は日本人よりも上手にアルファベットを綴るアメリカ人に出会ったことが一度もないのです。文字についてはアメリカ人の方が日本人を見習ってほしいですね。

# 実践 でそのまま使える表現集

## 勘違い編

| 和訳 | 英文 | ページ |
|---|---|---|
| ☐ 話される英語が聞き取りにくいのですが…。 | I have trouble with spoken English. | 4 |
| ☐ 何とおっしゃいましたか? | I beg your pardon. | 5 |
| ☐ 話される英語は私には難しいです。 | Spoken English is hard for me to understand. | 5 |
| ☐ Aの答えはnoだよ(Aに尋ねるが答えはno)。 | A'll say no. | 6 |
| ☐ Aの答えはnoだよ(Aには尋ねない答えは尋ねるまでもなくnoだから)。 | A would say no. | 6 |
| ☐ AかBのどちらかにしか行けません。 | I can't go on A and B. | 8 |
| ☐ AもBも行けません。 | I can't go on A or B. | 8 |
| ☐ AでもBでもどちらでも大丈夫です。 | I'm available on A and B. | 8 |
| ☐ AもBも大丈夫です。 | I'm available on A or B. | 8 |
| ☐ 今日、終わりたかった。 | I wanted to finish today. | 10 |
| ☐ Aは会議を中止にするか迷った。 | A considered canceling the meeting. | 14 |
| ☐ 20時間残業をした。 | I did 20 hours of overtime. | 15 |
| ☐ ○時間残業をした。 | I did ○ hours of overtime. | 15 |
| ☐ 先週は残業ばかりだったよ。 | I did a lot of overtime last week. | 15 |
| ☐ 残業代が出ればなあ。 | I wish I could get paid for overtime. | 15 |
| ☐ タバコを吸うために立ち止まった。 | I stopped to smoke. | 16 |
| ☐ タバコをやめた。 | I stopped smoking. | 16 |
| ☐ 私はAと話すために止まりました。 | I stopped to talk to A. | 16 |
| ☐ 私はAと話すのをやめました。 | I stopped talking to A. | 16 |
| ☐ 私はAの後任に選ばれた。 | I was chosen to replace A. | 17 |
| ☐ 私はAの後任です。 | I'm the replacement for A. | 17 |
| ☐ 時間通りに終わらせるように最善を尽くします。 | I'll do my best to finish on time. | 18 |
| ☐ 手伝えることは何でもやります。 | I'll do whatever I can to help you. | 18 |
| ☐ Aに尋ねてみた。 | I tried asking A. | 20 |
| ☐ これらは欠陥品です。 | These parts are defective. | 21 |
| ☐ 割り勘にしましょう。(その1) | Let's split it. | 24 |
| ☐ 割り勘にしましょう。(その2) | Let's split the bill. | 24 |
| ☐ Aは遅れてきた人に何も言わない。 | A's soft on people who are late. | 25 |
| ☐ Aは遅れてきたスタッフに何も言わない。 | A's soft on staff who are late. | 25 |
| ☐ この企画が失敗するのは明らかだ。 | It's apparent that this plan will fail. | 26 |
| ☐ 値段はたったの10ドルですか? | Is the price just $10? | 27 |
| ☐ 値段はたったの○(金額)ですか? | Is the price just ○? | 27 |
| ☐ 値段はちょうど10ドルですか? | Is the price exactly $10? | 27 |
| ☐ 値段はちょうど○(金額)ですか? | Is the price exactly ○? | 27 |
| ☐ 遅れて会社に着きました。 | I arrived at the office late. | 29 |
| ☐ 遅れてごめんなさい。 | I'm sorry I'm late. | 29 |
| ☐ 電車事故のため、Aは1時間遅れて会社に来ました。 | A was an hour late for work because of a train accident. | 29 |
| ☐ 電車事故のため、Aは○分遅れて会社に来ました。 | A was ○ minutes late for work because of a train accident. | 29 |

\*A、B、○の箇所は、その部分のみ他の単語に言い換えてください。

| 和訳 | 英文 | ページ |
|---|---|---|
| □ 予算オーバーです。 | It's over our budget. | 30 |
| □ 会議が終わりました。 | The meeting is over. | 30 |
| □ 販売キャンペーンは終わりました。 | The sales campaign is over. | 30 |
| □ 高すぎます。 | It costs too much. | 31 |
| □ 思っていたよりも高いです。 | It's more than we expected. | 31 |
| □ 今日は病気です。 | I have a cold today. | 32 |
| □ 体調がすぐれないため、本日、休暇をいただきたいのですが…。 | I'm not feeling well, so I'd like to take sick-leave today. | 32 |
| □ インフルエンザのため、Aは1週間の病気休暇を取った。 | A got a week's sick-leave because of the flu. | 32 |
| □ 午後に勉強会があります。 | I have a training session this afternoon. | 33 |
| □ 仕事はどうですか? | How do you like your job? | 35 |
| □ その仕事、楽しんでいますか? | Do you enjoy working there? | 35 |
| □ Aは退社(帰社)した。 | A left the office. | 36 |
| □ Aは午後1時に会社を出た。 | A left the office at 1:00 P.M. | 36 |
| □ Aは○(時刻)に会社を出た。 | A left the office at ○. | 36 |
| □ Aは定時に会社を出た。 | A left the office on time. | 36 |
| □ Aは本日早退した。 | A left the office early today. | 36 |
| □ Aは急用のため、午後早退した。 | An emergency came up and A had to leave early this afternoon. | 36 |
| □ このプランは売上向上のために作られました。 | This plan was designed to implove sales. | 39 |
| □ (ミスしたことがバレて)上司に怒られている。 | I'm in trouble with my boss. | 40 |
| □ 時間通りに終わらせるのが大変でした。 | I had trouble finishing on time. | 40 |
| □ 面倒だ。 | It's too much trouble. | 41 |
| □ どうしたの? | What's the trouble? | 41 |
| □ 何かトラブルがあったの? | Did you have any problems? | 41 |
| □ 7時にここを出ます。 | I'll go there at 7:00. | 42 |
| □ ○(曜日や日時等)にここを出ます。 | I'll go there at ○. | 42 |
| □ 7時に着きます。(beを用いる) | I'll be there at 7:00. | 42 |
| □ ○(曜日や日時等)に着きます。(beを用いる) | I'll be there at ○. | 42 |
| □ 7時までに着きます。(arriveを用いる) | I'll arrive by 7:00. | 42 |
| □ ○(曜日や日時等)までに着きます。(arriveを用いる) | I'll arrive by ○. | 42 |
| □ 7時までに着きます。(getを用いる) | I'll get there by 7:00. | 42 |
| □ ○(曜日や日時等)までに着きます。(getを用いる) | I'll get there by ○. | 42 |
| □ 7時に会いましょう。 | I'll see you at 7:00. | 42 |
| □ ○(曜日や日時等)に会いましょう。 | I'll see you at ○. | 42 |
| □ Aが電話してきたら、教えてください。 | If A calls, let me know. | 44 |
| □ Aに会ったら、よろしくお伝えください。 | If you see A , say hi to him[or her] for me. | 44 |
| □ 新しいオフィスをご案内しましょう。 | Let me show you around our new office. | 45 |
| □ 京都をご案内しましょう。 | I'll show you around Kyoto. | 45 |
| □ ○(場所)をご案内しましょう。 | I'll show you around ○. | 45 |

## 失礼編

| 和訳 | 英文 | ページ |
|---|---|---|
| □ Aと連絡をとった。 | I made contact with A. | 50 |
| □ Aと連絡をとった。 | I contacted A. | 50 |

\*Aや○の箇所は、その部分のみ他の単語に言い換えてください。

| | 日本語 | English | ページ |
|---|---|---|---|
| ☐ | (申し訳ないのですが)会議には行けません。 | I won't be able to go to the meeting. | 52 |
| ☐ | (申し訳ないのですが、)締め切りまでには終わらせることができません。 | I won't be able to finish by the deadline. | 52 |
| ☐ | (申し訳ないのですが、)3月15日までには支払えません。 | We won't be able to pay until March 15th. | 52 |
| ☐ | (申し訳ないのですが、)〇日(曜日や日時等)までには支払えません。 | We won't be able to pay until 〇. | 52 |
| ☐ | 申し訳ないのですが、お答えできません。 | I'm afraid I can't give you an answer. | 53 |
| ☐ | いつ送ることができますか？ | When can you send it? | 54 |
| ☐ | 申し訳ないのですが、Aには電話することができないでしょう。 | I'm afraid I won't be able to call A. | 56 |
| ☐ | 申し訳ないのですが、会議には行けません。 | I'm afraid I won't be able to go to the meeting. | 57 |
| ☐ | 申し訳ないのですが、明日までには終わらせることができません。 | I'm afraid I won't be able to finish by tomorrow. | 57 |
| ☐ | 申し訳ないのですが、今日、手伝うことができません。 | I'm afraid I won't be able to help you today. | 57 |
| ☐ | 迎えに来てくれませんか？ | Can you pick me up? | 58 |
| ☐ | その製品についてもっと具体的に話してくれませんか？ | Can you be more specific about this product? | 58 |
| ☐ | 明日までにその仕事を終わらせてくれませんか？ | Can you finish the work by tomorrow? | 58 |
| ☐ | 午前10時までに会議用の資料をまとめてもらえませんか？ | Can you put the documents for the meeting together by 10:00? | 58 |
| ☐ | プレゼンテーションの予定を組み込んでいただけないでしょうか？ | Could you schedule the presentation? | 59 |
| ☐ | ちょっと早く来ていただけないでしょうか？ | Could you come a little early? | 59 |
| ☐ | 金曜日までにご返事をいただけると有難いのですが…。 | If you could let us know your answer by Friday, that would be great. | 60 |
| ☐ | 〇(曜日や日時等)までにご返事をいただけると有難いのですが…。 | If you could let us know your answer by 〇, that would be great. | 60 |
| ☐ | 3時までに終わらせてくれると助かるのですが…。 | If you could finish by 3:00, that would be great. | 61 |
| ☐ | 〇(曜日や日時等)までに終わらせてくれると、助かるのですが…。 | If you could finish by 〇, that would be great. | 61 |
| ☐ | Aがお戻りになりましたら、折り返し電話をいただけると有難いのですが…。 | If you could have A call me when he [or she] gets back, that would be great. | 61 |
| ☐ | これらのレポートのコピーをお願いします。 | Could I get you to copy these reports? | 62 |
| ☐ | 明日、早く来ていただいても構いませんか？ | Would you mind coming early tomorrow? | 62 |
| ☐ | 謝った方がいいでしょう。 | Maybe you should apologize. | 63 |
| ☐ | もう少し分かりやすく説明した方がいいでしょう。 | Maybe you should explain it clearer. | 63 |
| ☐ | クライアントに話した方がいいでしょう。 | Maybe you should tell the client. | 63 |
| ☐ | ご迷惑をお掛けして申し訳ございません。(その1) | I'm sorry to cause you so much trouble. | 68 |
| ☐ | ご迷惑をお掛けして申し訳ございません。(その2) | I'd like to apologize for the inconvenience. | 69 |
| ☐ | ご迷惑をお詫びいたします。 | Please accept our apology for the inconvenience. | 68 |
| ☐ | ご迷惑をお掛けしますことをお許しください。 | Please forgive us for any trouble this may cause you. | 68 |
| ☐ | 今回の件でご迷惑をお掛けしないといいのですが…。 | I hope this doesn't cause you too much trouble. | 68 |
| ☐ | ご迷惑でないといいのですが…。 | I hope this isn't too much of an inconvenience. | 68 |
| ☐ | 9時までに来られますか？ | Do you think you could come by 9:00? | 72 |
| ☐ | 〇(時間)までに来られますか？ | Do you think you could come by 〇? | 72 |
| ☐ | こんなにうまくできるとは思わなかった。 | I didn't expect you to do so well. | 74 |
| ☐ | こんなに売上げが伸びるとは思わなかった。 | I didn't expect sales to increase this much. | 74 |
| ☐ | 注文をお願いします。(Canで始まる言い方) | Can you take our order? | 75 |
| ☐ | 注文をお願いします。(Mayで始まる言い方) | May I order, please? | 75 |
| ☐ | 注文した商品がまだ届きません。 | My order hasn't come yet. | 75 |
| ☐ | 大丈夫ですよ。 | I think it's going to be okay. | 77 |

| | | |
|---|---|---|
| □ まったく問題ないよ。 | I'm sure everything's going to be okay. | 77 |
| □ 心配はいらないよ。 | I don't think we need to worry. | 77 |
| □ 私はまだそれについて考えています。 | I'm still thinking about it. | 78 |
| □ 私はまだ決めかねています。 | I haven't made up my mind. | 78 |
| □ 聞いてみましょう。 | Let's ask around. | 79 |
| □ 何かアドバイスはありますか? | Do you have any advice for me? | 80 |
| □ 何か提案はありますか? | Do you have any suggestions? | 80 |
| □ 実例を挙げていただけませんか? | Could you give us an actual case? | 81 |
| □ 今日は早めに出発しなくてはならない。 | I'm going to have to leave early today. | 82 |
| □ 日にちを確認する必要がある。 | We need to finalize the date. | 83 |
| □ 1週間かかって、日にちがやっと確定された。 | After a week, the date was finally finalized. | 83 |
| □ 土曜日に働くのは構いません。 | I don't mind working on Saturday. | 84 |
| □ 今日、遅くまで働くのは構いません。 | I don't mind working late today. | 84 |
| □ Aは企画を成立させるために一生懸命頑張った。 | A worked hard to get his plan approved. | 86 |
| □ Aは売上目標を達成するために一生懸命頑張った。 | A worked hard to reach A's sales target. | 86 |

### 怒り編

| 和訳 | 英文 | ページ |
|---|---|---|
| □ クライアントは受領時、その部品がすでに壊れていたと主張しています。 | The client claims the part was broken when it arrived. | 93 |
| □ ちょっと話があります。 | I'd like to tell you about something. | 96 |
| □ ちょっと時間がありますか? | Do you have a minute? | 96 |
| □ あなたに伝えたいことがあります。 | There's something I'd like to tell you. | 96 |
| □ 何か問題がありますか? | Is there a problem? | 98 |
| □ 何か手伝いましょうか? | Is there something I can help you with? | 98 |
| □ 支払いは3月31日までにお願いします。 | We'd like to ask for payment by March 31st. | 100 |
| □ 支払いは○(曜日や日時等)までにお願いします。 | We'd like to ask for payment by ○. | 100 |
| □ いつまでに支払えばいいのですか? | By when do you require payment ? | 100 |
| □ 各ページにサインしてください。 | You need to sign each page of the contract. | 108 |
| □ 10時までにここに来てください。 | You need to be here by 10:00. | 108 |
| □ ○(時間)までにここに来てください。 | You need to be here by ○. | 108 |
| □ なるべく早く終えるようにしてください。 | You need to finish as soon as possible. | 108 |
| □ ミスがないことを確認してください。 | We need to make sure there are no mistakes. | 108 |
| □ 遅れないようにした方がいい。 | Maybe you'd better not be late. | 112 |
| □ 会議に遅れない方がいい。 | Maybe you'd better not miss the meeting. | 112 |
| □ とにかく、今日、ちょっと忙しいんだよな。 | Well, I'm a little busy today. | 114 |
| □ 今日はもうランチの予定を入れてしまいました。 | I already made plans for lunch today. | 114 |
| □ 今日はもう○の予定を入れてしまいました。 | I already made plans for ○ today. | 114 |

### その他

| 和訳 | 英文 | ページ |
|---|---|---|
| □ 商談は今朝、終わった。 | The talks ended this morning. | 124 |
| □ これまで12年間そこで働いてきました。 | I have been working there for 12 years. | 125 |
| □ これまで○年間そこで働いてきました。 | I have been working there for ○ years. | 125 |
| □ そこで12年間働きました。 | I worked there for 12 years. | 125 |

*Aや○の箇所は、その部分のみ他の単語に言い換えてください。

| | 日本語 | English | ページ |
|---|---|---|---|
| ☐ | そこで○年間働きました。 | I worked there for ○ years. | 125 |
| ☐ | 金曜日までに受け取りたいのですが…。 | I'd like to receive it by Friday. | 126 |
| ☐ | ○(曜日や日時等)までに受け取りたいのですが…。 | I'd like to receive it by ○ | 126 |
| ☐ | 嫌いな食べ物は何かありますか? | Are there any foods you don't care for? | 130 |
| ☐ | 嫌いな飲み物は何かありますか? | Are there any drinks you don't like? | 130 |
| ☐ | 体に合わない食べ物は何かありますか? | Are there any foods you don't eat? | 130 |
| ☐ | 弊社は部品のほとんどを輸出している。 | We export most of our parts. | 131 |
| ☐ | Aからの紹介でご連絡しました。 | A referred me to you. | 134 |
| ☐ | あなたを私の上司に紹介します。 | Let me introduce you to my supervisor. | 134 |
| ☐ | セミナーでAに私を紹介していただき、ありがとうございました。 | Thank you for introducing me to A at the seminar. | 134 |
| ☐ | あなたのやり方について知りたい。 | We'd like to learn about your methods. | 136 |
| ☐ | 高く評価されました。 | It was highly evaluated. | 142 |
| ☐ | その品質は○によって評価された。 | The quality was evaluated by ○. | 142 |
| ☐ | その品質は○によって高く評価された。 | The quality was highly evaluated by ○. | 142 |
| ☐ | その品質は高い評価を得た。 | The quality received a high evaluation. | 142 |
| ☐ | 私の提案はあまり評価されなかった。 | My proposal was pooly evaluated. | 142 |
| ☐ | 今日は予定がありません。 | I don't have any appointments today. | 143 |
| ☐ | 今日はあなたの予定に合わせられます。 | I can arrange my schedule around yours today. | 143 |
| ☐ | 今日はAの予定に合わせられます。 | I can arrange my schedule around A today. | 143 |
| ☐ | 今日は何時でも大丈夫です。 | Anytime today is fine. | 143 |
| ☐ | 明日、残りの部品をお届けします。 | We deliver the rest of the remaining parts tomorrow. | 146 |
| ☐ | 今朝、残りのデータを受け取りました。 | I received the rest of the remaining data this morning. | 146 |
| ☐ | 私にはスタッフ(部下)がたくさんいます。 | I have a big staff. | 148 |
| ☐ | Aはわが社で一番新しいスタッフ(部下)です。 | A's the newest member of my staff. | 148 |
| ☐ | あなたのスタッフ(部下)が何名いますか? | How many people are there on your staff? | 148 |
| ☐ | Aが会議の時間を知っているか確認してください。 | Make sure that A knows the meeting time. | 151 |
| ☐ | コピーが充分に足りているか確認してください。 | Make sure that we have enough copies. | 151 |
| ☐ | Aがいつ来る予定か確認してくれますか? | Would you check to see if A's planning to come? | 151 |
| ☐ | リスク管理に関するセミナーに参加した。(go toを用いる) | I went to a seminar on risk control. | 152 |
| ☐ | ○に関するセミナーに参加した。(go toを用いる) | I went to a seminar on ○. | 152 |
| ☐ | ファイナンシャル・プランニングに関するセミナーに参加した。(attendを用いる) | I attended a seminar on financial planning. | 152 |
| ☐ | ○に関するセミナーに参加した。(attendを用いる) | I attended a seminar on ○. | 152 |
| ☐ | この企画はピンと来ないな。 | This proposal is not really clear. | 154 |
| ☐ | 何が起こったかよく分かりません。 | I'm not really sure what happened. | 154 |
| ☐ | 結果にはあまり満足していません。 | We're not really satisfied with the results. | 154 |

\*Aや○の箇所は、その部分のみ他の単語に言い換えてください。

# INDEX

| 日本語訳 | ページ |
|---|---|
| **勘違い編** | |
| 私は注意力がない。 | 4 |
| 話される英語が聞き取りにくいのですが…。 | 4 |
| 私は耳が遠い。 | 4 |
| 何とおっしゃいましたか? | 5 |
| 話される英語は私には難しいです。 | 5 |
| 難しいだろう(でもやる)。 | 6 |
| 難しいだろう(だからやらない)。 | 6 |
| 長い時間がかかる(でもやる)。 | 6 |
| やるとすると長い時間がかかる(だからやらない)。 | 6 |
| 彼女の答えはnoだよ(彼女に尋ねるが答えはno)。 | 6 |
| 彼女の答えはnoだよ(彼女には尋ねない。答えは尋ねるまでもなくnoだから)。 | 6 |
| コンピュータ、FAXの両方は壊さなかった。 | 8 |
| コンピュータ、FAXのいずれも壊さなかった。 | 8 |
| 月曜日か火曜日のどちらかにしか行けません。 | 8 |
| 月曜日も火曜日も行けません。 | 8 |
| 月曜日でも火曜日でもどちらでも大丈夫です。 | 8 |
| 月曜日も火曜日も大丈夫です。 | 8 |
| 今日、終わりたいと思っていた(でも、本当は終わりたくなかった)。 | 10 |
| 今日、終わりたかった。 | 10 |
| 雨が降ると思った(でも、降らなかった)。 | 10 |
| 遅れると思った(でも、間に合った)。 | 10 |
| 私は事実を確認しに出かけました。 | 11 |
| 私は出かけて、そして事実を確認してきました。 | 11 |
| 私は監督と話しに出かけましたが、彼はそこにはいませんでした。 | 11 |
| 私は出かけて、そして監督と話しました。 | 11 |
| レポートを取りに出かけましたが、見つけることができませんでした。 | 11 |
| 私は出かけて、レポートを見つけました。 | 11 |
| 何より、お客様はがっかりしている。 | 12 |
| ほとんどのお客様はがっかりしている。 | 12 |
| 何より、品質を上げないといけない。 | 12 |
| 何よりも欲しいものは安定性です。 | 12 |
| 世界の国の大部分は同意している。 | 12 |
| 私たちの製品のほとんどが日本で作られている。 | 12 |
| ま、それは失礼しました。 | 13 |
| あ、失礼しました。 | 13 |
| どうも。 | 13 |
| どうもありがとう。 | 13 |
| どういたしまして。 | 13 |
| いえいえ、どういたしまして。 | 13 |
| ごめん。 | 13 |
| ホントにゴメンなさい。 | 13 |

| | |
|---|---|
| 彼は優秀な経営者を検討した。 | 14 |
| 彼は優秀な経営者だったと思われている。 | 14 |
| 彼は会議を中止にするか迷った。 | 14 |
| 彼は彼女が頭のいいエンジニアだと思った。 | 14 |
| 20時間過労した。 | 15 |
| 20時間残業をした。 | 15 |
| 先週は残業ばかりだったよ。 | 15 |
| 残業代が出ればなぁ。 | 15 |
| タバコを吸うために立ち止まった。 | 16 |
| タバコをやめた。 | 16 |
| 私はジョージと話すために止まりました。 | 16 |
| 私はジョージと話すのをやめました。 | 16 |
| 私は田中氏を倒した。 | 17 |
| 私は田中氏の後任に選ばれた。 | 17 |
| がっかりさせないように努力します。 | 18 |
| がっかりさせるつもりはありません。 | 18 |
| とりあえず会議に出てみます。 | 18 |
| とりあえず時間通りに終わらせるようにします。 | 18 |
| 時間通りに終わらせるように最善を尽くします。 | 18 |
| とりあえず手伝いましょう。 | 18 |
| 手伝えることは何でもやります。 | 18 |
| 彼に尋ねようとした(だけど尋ねられなかった)。 | 20 |
| 彼に尋ねてみた。 | 20 |
| ドアを開けようとした(だけど開かなかった)。 | 20 |
| ドアを開けてみた。 | 20 |
| これらのパーツは亡命している。 | 21 |
| これらは欠陥品です。 | 21 |
| よくある問題だ。 | 22 |
| 共通の問題だ。 | 22 |
| あなたと私にはたくさんの共通点があります。 | 22 |
| この2社には共通点がありません。 | 22 |
| この経理方法は、今ではあまり人気がない。 | 23 |
| この経理方法は、今ではあまり使われない。 | 23 |
| 去年ヒットした商品は2つありました。 | 23 |
| 中途採用はより一般的になってきている。 | 23 |
| 彼のようなマネージャーは今ではもう一般的ではない。 | 23 |
| 半分だけ支払いましょう。 | 24 |
| 割り勘にしましょう。 | 24 |
| 彼は頭が悪い。 | 25 |
| 彼は優しい。 | 25 |
| 彼は若い女性に対して甘い。 | 25 |
| 彼は遅れてきた人に何も言わない。 | 25 |
| この企画は失敗するでしょう。 | 26 |
| この企画が失敗するのは明らかだ。 | 26 |
| 彼女は何が起ころうと気にしていないようだ。 | 26 |
| 彼女はここで働くのがイヤなようだ。 | 26 |
| 値段はたったの10ドルですか(安い!)? | 27 |

| | |
|---|---|
| 値段はちょうど10ドルですか? | 27 |
| 上出来だね(本当はよくないんだけど…)。 | 28 |
| よかったです。 | 28 |
| 今に悪いことが絶対に起こるぞ。 | 28 |
| 待ってみよう。 | 28 |
| やりたいなら、やれよ。そしたら分かるさ。 | 28 |
| やってみたら。 | 28 |
| 黙って聞いてよ! | 28 |
| あのね、聞いて。 | 28 |
| 最近、オフィスに着きました。 | 29 |
| 遅れて会社に着きました。 | 29 |
| 遅れてごめんなさい。 | 29 |
| 電車事故のため、彼は1時間遅れて会社に来ました。 | 29 |
| 予算が終わりました。 | 30 |
| 予算オーバーです。 | 30 |
| 会議が終わりました。 | 30 |
| 販売キャンペーンは終わりました。 | 30 |
| 高すぎます。 | 31 |
| 思っていたよりも高いです。 | 31 |
| 今日、重病だ。 | 32 |
| 今日は病気だ。 | 32 |
| 体調がすぐれないため、本日、休暇をいただきたいのですが…。 | 32 |
| インフルエンザのため、彼は1週間の病気休暇を取った。 | 32 |
| 基礎的な教育を行っている。 | 33 |
| 社員教育を行っている。 | 33 |
| 新入社員の教育プログラムがあります。 | 33 |
| 2ヵ月の研修を受けなければならなかった。 | 33 |
| 午後に勉強会があります。 | 33 |
| あなたが作る作品は好きですか? | 34 |
| 自分の仕事が好きですか? | 34 |
| 彼の作るものは雑だ。 | 34 |
| 彼の作るものはスゴイ。 | 34 |
| 私はいい会社に勤めている。 | 35 |
| 私は仕事を辞めようと思っている。 | 35 |
| 今日は2つの仕事の依頼を受けている。 | 35 |
| 今日は大きい翻訳の仕事を終えないといけない。 | 35 |
| 仕事はどうですか? | 35 |
| その仕事、楽しんでいますか? | 35 |
| 彼は会社を辞めた。 | 36 |
| 彼は退社(帰社)した。 | 36 |
| 彼は午後1時に会社を出た。 | 36 |
| 彼は定時に会社を出た。 | 36 |
| 彼は本日早退した。 | 36 |
| 彼は急用のため、午後早退した。 | 36 |
| 私たちは恵まれていない。 | 38 |
| 弊社は不利な立場に立たされています。 | 38 |
| 出荷の代金を払わなければならないので、我々(弊社)は不利な立場である。 | 38 |

| | |
|---|---|
| 言葉に関して言うと、我々は不利な状況です。 | 38 |
| このプログラムは品質向上の目的のために作られた。 | 39 |
| このプログラムは品質を向上させる。 | 39 |
| このプランは売上向上のために作られたが、売上げは低下してしまった。 | 39 |
| この装置は5年間持つように設計されたが、既に壊れています。 | 39 |
| すごく怒られている。 | 40 |
| 大きなトラブルになっている。 | 40 |
| (罪を犯したことがバレて)警察に追求されている。 | 40 |
| (ミスをしたことがバレて)上司に怒られている。 | 40 |
| 時間通りに終わらせるのが大変でした。 | 40 |
| 従業員(部下)は言うことを聞かない。 | 40 |
| 面倒だ。 | 41 |
| どうしたの? | 41 |
| 何かトラブルがあったの? | 41 |
| 昨日、トラブルがあったんだ。 | 41 |
| 7時にここを出ます。 | 42 |
| 7時に着きます。 | 42 |
| 7時までに着きます。 | 42 |
| 7時に会いましょう。 | 42 |
| 万が一注文を受けたら(来ないはずだけど)、知らせてください。 | 44 |
| 注文を受けたら、知らせてください。 | 44 |
| 地震が起きたら、テーブルの下にもぐってください。 | 44 |
| 事故に遭ったら、救急車を呼んでください。 | 44 |
| 火事が起きたら、このドアから出てください。 | 44 |
| ジョージが電話してきたら、教えてください。 | 44 |
| 伊藤さんに会ったら、よろしくお伝えください。 | 44 |
| 弊社の工場を(犬みたいに)連れ回しましょう。 | 45 |
| 弊社の工場をご案内しましょう。 | 45 |
| 新しいオフィスをご案内しましょう。 | 45 |
| 東京ではいろいろ案内していただきありがとうございました。 | 45 |
| 京都をご案内しましょう。 | 45 |

## 失礼編

| | |
|---|---|
| 彼女と連絡をとった。 | 50 |
| 彼女の体に触れた。 | 50 |
| 会議に行くのは無理です。 | 52 |
| (申し訳ないのですが、)会議には行けません。 | 52 |
| (申し訳ないのですが、)締め切りまでには終わらせることができません。 | 52 |
| (申し訳ないのですが、)3月15日までには支払えません。 | 52 |
| お答えできません。 | 53 |
| 申し訳ないのですが、お答えできません。 | 53 |
| 申し訳ないのですが、セミナーに参加できません。 | 53 |
| 申し訳ないのですが、月曜日までには終わりません。 | 53 |
| 一体、いつ送るつもりですか? | 54 |
| いつ送ることができますか? | 54 |
| 特急電車では絶対に行けません。 | 55 |

| | |
|---|---|
| (申し訳ないのですが、)特急電車では行けません。 | 55 |
| あなたのために嘘を言いません。 | 55 |
| あなたのために嘘なんてつきません。 | 55 |
| 彼には電話するつもりはありません。 | 56 |
| 申し訳ないのですが、彼には電話することができないでしょう。 | 56 |
| それをするつもりはありません。 | 56 |
| 彼とはもう二度と話すつもりはありません。 | 56 |
| 申し訳ないのですが、会議には行くことができません。 | 57 |
| 申し訳ないのですが、明日までには終わらせることができません。 | 57 |
| 申し訳ないのですが、今日、手伝うことができません。 | 57 |
| 迎えに来ていただけますか? | 58 |
| 迎えに来てくれませんか? | 58 |
| その製品についてもっと具体的に話してくれませんか? | 58 |
| 明日までにその仕事を終わらせてくれませんか? | 58 |
| 午前10時までに会議用の資料をまとめてもらえませんか? | 58 |
| なんとかお願いしますよ。 | 59 |
| よろしくお願いします。 | 59 |
| プレゼンテーションの予定を組み込んでいただけないでしょうか? | 59 |
| ちょっと早く来ていただけないでしょうか? | 59 |
| 金曜日までに返事をください(分かったね?)。 | 60 |
| 金曜日までにご返事をいただけると有難いのですが…。 | 60 |
| アドバイスを(手伝って)いただけませんか? | 60 |
| 3時までに終わらせてくれると助かるのですが…。 | 61 |
| 伊藤さんがお戻りになりましたら、折り返し電話をいただけると有難いのですが…。 | 61 |
| これらのレポートをきちんとコピーしてください。 | 62 |
| これらのレポートのコピーをお願いします。 | 62 |
| これらのレポートのコピーをしてもらえますか? | 62 |
| 今日、これを仕上げられますか? | 62 |
| この企画を進めてもらう時間がありますか? | 62 |
| 明日、早く来ていただいても構いませんか? | 62 |
| ジョージにそのことについて聞いてもらえますか? | 62 |
| 謝るべきだ。 | 63 |
| 謝った方がいいでしょう。 | 63 |
| もう少し分かりやすく説明すべきだ。 | 63 |
| もう少し分かりやすく説明した方がいいでしょう。 | 63 |
| クライアントに話すべきだ。 | 63 |
| クライアントに話した方がいいでしょう。 | 63 |
| 工場を閉めたらいいんじゃない? | 64 |
| 工場を閉めた方がいいでしょう。 | 64 |
| 一緒に食事に行かない? | 64 |
| 彼女に電話してくれない? | 64 |
| あなたは戦略を再考した方がいいでしょう。 | 64 |
| あなたはこのプロジェクトを中止した方がいいでしょう。 | 64 |
| 何でそんなことをしたの!? | 65 |
| 何でそのように決めたの? | 65 |
| なぜその選択をしたの? | 65 |
| その理由は何でしたか? | 65 |

| | |
|---|---|
| あなたは嘘つきだ！ | 66 |
| それはちょっと信じ難いですね。 | 66 |
| それは確かなのですか？ | 66 |
| それは違うような気がしますが…。 | 66 |
| 申し訳ないのですが、あなたは我慢できないでしょう。 | 68 |
| ご迷惑をお掛けして申し訳ございません。 | 68 |
| ご迷惑をお詫び致します。 | 68 |
| ご迷惑をお掛けしますことをお許しください。 | 68 |
| 今回の件でご迷惑をお掛けしないといいのですが…。 | 68 |
| ご迷惑でないといいのですが…。 | 68 |
| 会議に出席してもしなくても私には関係ない。 | 70 |
| 会議に出席しても構いません。 | 70 |
| 会議に出席してもしなくても、状況は何も変わらない。 | 71 |
| （当然のように）9時に来てください（分かったね?）。 | 72 |
| 9時に来てください。 | 72 |
| 9時に必ずここに来てください。 | 72 |
| 9時までに来られますか？ | 72 |
| あなたには何も期待しなかった。 | 74 |
| あなたが来るとは思わなかった（よく来てくれた！）。 | 74 |
| こんなにうまくできるとは思わなかった。 | 74 |
| こんなに売上げが伸びるとは思わなかった。 | 74 |
| 冷静になりなさい！ | 75 |
| 注文したいのですが…。 | 75 |
| 注文をお願いします。 | 75 |
| 注文した商品がまだ届きません。 | 75 |
| 彼は私を疑った。 | 76 |
| 彼は私に質問をした。 | 76 |
| あなたを疑っているわけではないけど、そのお金はどうなったの？ | 76 |
| 彼の誠実さには疑問を抱いている。 | 76 |
| あなたは傷つきやすいね。 | 77 |
| あなたは心配しすぎです。 | 77 |
| 大丈夫ですよ。 | 77 |
| まったく問題ないよ。 | 77 |
| 心配はいらないよ。 | 77 |
| そうかもしれないし、そうじゃないかもしれない（何とも言えないね）。 | 78 |
| 決めかねています。 | 78 |
| 私はまだそれについて考えています。 | 78 |
| 私はまだ決めかねています。 | 78 |
| 聴聞会を開きましょう。 | 79 |
| 聞いてみましょう。 | 79 |
| みんながどう思っているのか聞いてみましょう。 | 79 |
| みんなの意見を聞いてみましょう。 | 79 |
| あなたの意見はどうですか？ | 80 |
| 意見を教えていただけないでしょうか？ | 80 |
| どうしたらよろしいでしょうか？ | 80 |
| 何かアドバイスはありますか？ | 80 |
| 何か提案はありますか？ | 80 |

| | |
|---|---|
| 真相を話していただけませんか? | 81 |
| 実例を挙げていただけませんか? | 81 |
| この製品がクライアントに何百万ドルも節約させたという実例をご説明しましょう。 | 81 |
| ここに弊社のサービスが利用されていたという実例があります。 | 81 |
| 日にちを変えるからな。 | 82 |
| 日にちをどうしても変えなくてはならない。 | 82 |
| 契約を取り消させてもらうからな。 | 82 |
| 警察に通報するからな。 | 82 |
| 今日は早めに出発しなければならない。 | 82 |
| 今週の日曜日は仕事をしなくてはならない。 | 82 |
| 日にちは合っているの(信じ難いな…)? | 83 |
| 日にちは決定ですか? | 83 |
| 日にちを確認する必要がある。 | 83 |
| 企画を仕上げよう。 | 83 |
| (条件付きで)土曜日に働いてもいいですよ。 | 84 |
| 土曜日に働くのは構いません。 | 84 |
| 今日、遅くまで働くのは構いません。 | 84 |
| 中で働くのは構いません。 | 84 |
| 品質を向上させるために一応努力はした。 | 86 |
| 品質を向上させるため一生懸命頑張った。 | 86 |
| 少しの努力もしなかったじゃないか! | 86 |
| 彼は企画を成立させるために一生懸命頑張った。 | 86 |
| 彼は売上目標を達成するために一生懸命頑張った。 | 86 |

## 怒り編

| | |
|---|---|
| この部品を自分のものだと主張するのですか? | 92 |
| この部品に異議申立はついていますか? | 92 |
| 部品に不満(または文句)がありますか? | 92 |
| 私が見つけたお金に対して誰も権利を主張する者がいなかったので、自分のものになりました。 | 92 |
| 彼らは責任がないと主張している。 | 93 |
| クライアントは受領時、その部品がすでに壊れていたと主張しています。 | 93 |
| ファイルを片付けなさい! | 94 |
| ファイルを片付けましょう。 | 94 |
| 急ぎなさい! | 94 |
| ちゃんとしなさい! | 94 |
| 言っておくけど…。 | 96 |
| ちょっと話があります。 | 96 |
| ちょっと時間がありますか? | 96 |
| あなたに伝えたいことがあります。 | 96 |
| 話す必要があります。 | 96 |
| 何だよ!? | 98 |
| どうしたのですか? | 98 |
| 何か問題がありますか? | 98 |
| どこが悪いの? | 98 |
| 何か手伝いましょうか? | 98 |
| 3月31日までに支払ってもらわないと困る! | 100 |

| | |
|---|---|
| 支払いは3月31日までにお願いします。 | 100 |
| この問題に対処してください！ | 100 |
| この問題に対処していただきたい。 | 100 |
| 支払わないと困るのはいつまでですか？ | 100 |
| いつまでに支払えばいいのですか？ | 100 |
| 誰が私のホチキスを盗ったの？ | 102 |
| 私のホチキスを見た人いませんか？ | 102 |
| 地図はどこにあるか誰か分かりますか？ | 102 |
| 私のペンはどこにあったっけ？ | 102 |
| まあ、普通かな。 | 104 |
| 悪くない。 | 104 |
| 及第点ぎりぎりかな。もっと上手くできませんか？ | 105 |
| 彼女の仕事はまあまあ（及第点）だったので、クビにするつもりはありません。 | 105 |
| これで満足した（これで気が済んだ？）！？ | 106 |
| 満足していただけましたか？ | 106 |
| その結果には満足していますか？ | 106 |
| どう思いますか？ | 106 |
| 大丈夫だと思いますか？ | 106 |
| 各ページにサインしなければダメだ。 | 108 |
| 各ページにサインしてください。 | 108 |
| 10時までにここに来てください。 | 108 |
| なるべく早く終えるようにしてください。 | 108 |
| ミスがないことを確認してください。 | 108 |
| あなたの要求に我々はどうやって我慢しろって言うの！？ | 110 |
| どうしたらあなたの要求に応えられるのでしょうか？ | 110 |
| この騒音には耐えられない！ | 110 |
| 彼の無知をどうやって我慢しろって言うの！？ | 110 |
| 遅れるんじゃない！ | 112 |
| 遅れないようにした方がいい。 | 112 |
| 彼の伝言を無視しない方がいい。 | 112 |
| 夜更かしをしない方がいい。 | 112 |
| 今日は早く来ない方がいい。 | 112 |
| 会議に遅れない方がいい。 | 112 |
| 病院へ行った方がいい。 | 113 |
| ドアにカギをかけた方がいい。 | 113 |
| （あなたが言っていることは）どうだっていい。私こそ今日は忙しいのよ。 | 114 |
| とにかく、今日、仕事が忙しいの！ | 114 |
| 会議が2件と締め切りがあるんだ。どうだっていいけど、今日は忙しいんだよ。 | 114 |
| とにかく、今日はちょっと忙しいの！ | 114 |
| とにかく、今日はもうランチの予定を入れてしまいました。 | 114 |

## ❚ その他 ❚

| | |
|---|---|
| 結果がきましたか？ | 120 |
| その一数字の結果がきましたか？ | 120 |
| テストの成果がありましたか？ | 120 |
| テストの成績（結果）は89点でした。 | 120 |

| | |
|---|---|
| 彼らが来ると聞いた。 | 122 |
| 私は彼らが来ると聞いた。 | 122 |
| 絶対に会議には出席しません。 | 122 |
| 私は会議には出席しません。 | 122 |
| 1時間も遅れている。 | 122 |
| あなたは1時間遅れです。 | 122 |
| 行くことができるとしたら(でも実際には行かないだろう)。 | 123 |
| 行くことができました。 | 123 |
| 私だったらできるだろう(でも実際には他の人ではできないだろう)。 | 123 |
| 私だったらその問題を解決できるだろう(でも実際には他の人では解決できないだろう)。 | 123 |
| 商談は今朝、終わったことがある。 | 124 |
| 商談は今朝、終わった。 | 124 |
| 以前、彼女と会ったことがあります。 | 124 |
| 昨日、彼女と会った。 | 124 |
| これまで12年間そこで働いてきました。 | 124 |
| そこで12年間働きました。 | 124 |
| 金曜日までに受け取りたい。 | 126 |
| 金曜日までに受け取りたいのですが…。 | 126 |
| 机を3つ注文したい。 | 126 |
| 机を3つ注文したいのですが…。 | 126 |
| この小包を速達にしたい。 | 126 |
| この小包を速達にしていただきたいのですが…。 | 126 |
| 従業員を雇う場合は何も考えずに行ってしまう。 | 127 |
| 従業員を増やすことは考えていない。 | 127 |
| 私たちはリスクを考えずに行動してしまう。だから私たちはいつも失敗するのだ。 | 127 |
| 他のものは今日送った。 | 128 |
| その他の残り(の商品)は今日送った。 | 128 |
| 残りの本は今日送った。 | 128 |
| 明日、その他の残りをやりましょう。 | 128 |
| 人間の体の半分しか同意しない。 | 129 |
| 半分の人しか同意しない。 | 129 |
| 従業員の半数が日本人です。 | 129 |
| メーカーの半数が興味を持っています。 | 129 |
| 食べられないものは何かありますか? | 130 |
| 避けたい食べ物は何かありますか? | 130 |
| 嫌いな食べ物は何かありますか? | 130 |
| 嫌いな飲み物は何かありますか? | 130 |
| 体に合わない食べ物は何かありますか? | 130 |
| 弊社は部品ほとんどの輸出品を輸出している。 | 131 |
| 弊社は部品のほとんどを輸出している。 | 131 |
| お客様のニーズを何となく分かっている。 | 132 |
| お客様のニーズを把握している。 | 132 |
| 私たちはその問題がどのくらい重要であるかを何となくしか把握していなかった。 | 132 |
| 私たちは欠陥の数を把握することができませんでした。 | 132 |
| 彼が私をあなたに紹介した。 | 134 |
| 彼からの紹介でご連絡しました。 | 134 |
| あなたを私の上司に紹介します。 | 134 |

| | |
|---|---:|
| セミナーでメアリーに私を紹介していただき、ありがとうございました。 | 134 |
| あなたのやり方を完全に身につけたい。 | 136 |
| あなたのやり方について知りたい。 | 136 |
| 私は彼らの会計基準を学びました。 | 136 |
| 私たちは御社の商品から大いに学びました。 | 136 |
| 彼はパーティーを開くために何かを勧めた。 | 137 |
| 彼はパーティーを開くことを勧めた。 | 137 |
| 彼はこの本を読むことを勧めた。 | 137 |
| 金曜日に会議を行うことを勧めます。 | 137 |
| 会場へはバスで行くことを勧めます。 | 137 |
| その新しいレストランに行ってみよう(行くことが難しいかもしれないけど…)。 | 138 |
| その新しいレストランに行ってみよう。 | 138 |
| 時間内に終わらせよう(終えるのは難しいかもしれないけど…)。 | 138 |
| 今日は15人のクライアントに会おう(15人も会うのは難しいかもしれないけど…)。 | 138 |
| このメソッドを使ってみよう。 | 138 |
| このコピー機を使ってみよう。 | 138 |
| 私って面白い。 | 140 |
| 私は興味があるな。 | 140 |
| 私は他人を疲れさせる人間です。 | 140 |
| 疲れた。 | 140 |
| (良いのか悪いのか分からないけど)評価された。 | 142 |
| 高く評価されました。 | 142 |
| その品質は政府機関によって評価されました。 | 142 |
| 私の上司は私の提案を評価しているところです。 | 142 |
| その品質は高い評価を得た。 | 142 |
| 私の提案はあまり評価されなかった。 | 142 |
| 今日は予定表を持っていない。 | 143 |
| 今日は予定がありません。 | 143 |
| 今日はあなたの予定に合わせられます。 | 143 |
| 今日は何時でも大丈夫です。 | 143 |
| いろんな経験をしている。 | 144 |
| 経験が豊富です。 | 144 |
| 私は中国でいろんな経験をしました。 | 144 |
| 私は中国語を扱った経験が豊富です。 | 144 |
| 死体をお送りします。 | 146 |
| 残りのデータをお送りします。 | 146 |
| 彼の死体はイギリスへと運ばれた。 | 146 |
| 明日、残りの仕事をします。 | 146 |
| 明日、残りの部品をお届けします。 | 146 |
| 今朝、残りのデータを受け取りました。 | 146 |
| 新しい2本の杖を持っている。 | 148 |
| 新しい従業員が2名入りました。 | 148 |
| 私にはスタッフ(部下)がたくさんいます。 | 148 |
| わがスタッフ(部下)は皆よく訓練されています。 | 148 |
| 彼がわが社で一番新しいスタッフ(部下)です。 | 148 |
| あなたのスタッフ(部下)は何名いますか? | 148 |
| 仕事が終わったら徹底的に飲もう(へべれけになるくらいに飲みましょう)。 | 150 |

| | |
|---|---|
| 仕事が終わったら、一杯やりましょう。 | 150 |
| たまにお酒を飲むのは好きですか? | 150 |
| 飛行機の出発時刻を決めてください。 | 151 |
| 飛行機の出発時刻を必ず確認してください。 | 151 |
| 彼が会議の時間を知っているかを必ず確認してください。 | 151 |
| コピーが充分に足りているかを必ず確認してください。 | 151 |
| 飛行機の出発時刻を確認していただけないでしょうか? | 151 |
| 彼がいつ来る予定か確認してくれますか? | 151 |
| セミナーで話をした。 | 152 |
| セミナーに参加した。 | 152 |
| 金融セミナーで話をしました。 | 152 |
| リスク管理に関するセミナーに参加した。 | 152 |
| ファイナンシャル・プランニングに関するセミナーに参加した。 | 152 |
| (地面に落ちた)新しいロゴを拾った。 | 153 |
| 新しいロゴを選んだ。 | 153 |
| 10個の使用可能なロゴがあります。このうちの1つを選ばなければならない。 | 153 |
| 彼は新しいスーツを選びたい。 | 153 |
| 私たちは新しい会社の制服を選ばなくてはならない。 | 153 |
| まったく興味がない! | 154 |
| あまり興味がない。 | 154 |
| この企画はピンと来ない。 | 154 |
| 何が起こったのかよく分かりません。 | 154 |
| 結果にはあまり満足していません。 | 154 |
| あなたはこの仕事をまじめにやっていない。 | 154 |

## デイビッド・セイン
David Thayne

米国出身。社会学修士号取得。日米会話学院、バベル翻訳外語学院などでの豊富な教授経験を活かし、数多くの英会話関係書籍を執筆。著書として『その英語、ネイティブにはこう聞こえます』(主婦の友社)、『使ってはいけない英語』(河出書房新社)『英語ライティングルールブック』(DHC)など多数。現在、英語を中心テーマとしてさまざまな企画を実現するエートゥーゼットを主催。豊富なアイディアと積極的な行動力で、書籍・雑誌の執筆からウェブコンテンツ制作まで多岐にわたり活躍中。エートゥーゼット英語学校の校長も務める。

## ビジネスで使ってはいけない英語100

2009年3月30日　初版第1刷発行
2009年4月13日　初版第2刷発行

著　者　　デイビッド・セイン
発行者　　軸屋真司
発行所　　NTT出版株式会社
　　　　　〒141-8654
　　　　　東京都品川区上大崎3-1-1　JR東急目黒ビル
　　　　　営業本部／TEL 03-5434-1010
　　　　　　　　　　FAX 03-5434-1008
　　　　　出版本部／TEL 03-5434-1001
　　　　　http://www.nttpub.co.jp

編集協力　　小林文月(A to Z)
イラスト　　所ゆきよし
デザイン　　間野 成

印刷・製本　図書印刷株式会社

©A to Z Co., Ltd., 2009 Printed in Japan〈検印省略〉
ISBN 978-4-7571-5064-5　C2082
定価はカバーに表示してあります

・乱丁・落丁はお取り替えいたします
・著者および発行者の許可を得ず無断で複写・複製することは、
　法律により禁じられています